KB162666

한민족은
위대한
민족이다

한민족은 위대한 민족이다

글 한만섭 | 삽화 김주영

이것이 한국이다

만경출판사

나를 찾고, 민족을 찾아보았다.

한민족의 위대한 민족성을 찾아

민족의 긍지와 자존감을 갖고자 했다.

한 번 살다가는 인생살이

어떻게 사는 것이 가치가 있고

보람이 있는 삶인지 찾아보았다.

차례

두 번째 말
이것이 한국이다

세 번째 말
선진국 문턱에서

첫 번째 말

한민족은
위대한 민족이다

한민족이 이제 글로벌global 시대의 새봄을 맞이하여

한얼사상의 씨알인 홍익인간의 높고 넓은 뜻을

지구촌 곳곳에 뿌리내리고 있다.

그 뿌리가 인류 공존의 번영과 평화를 구축하고 있기 때문에

세계가 존재할 수 있다는 사실에 의미를 부여하고 싶다.

그래서 "한민족은 위대한 민족이다."

홍익인간 弘益人間

한민족의 건국이념은 홍익인간이다.

일찍이 독립운동가 홍암 나철 님께서 개천절을 민족의 최대 경축일로 정하여 경축식을 거행하였으며, 그 전통을 상해 임시정부에 의해서 계승하여 오다가, 대한민국 정부수립 후 초대 문교부 장관을 역임한 안호상 박사께서 당시 민족혼을 불러일으켜 민족의 자존을 세우려는 뜻으로 홍익인간 정신을 주창하신 바가 있다.

홍익인간이란 널리 인간세상을 유익하게 한다는 뜻으로, 모든 사람들에게 유익한 삶을 누리도록 하겠다는 것이다.

홍익인간 사상은 개인의 행복과 인류를 평화롭게 한다는 숭고崇高한 정신세계의 발현發現이다. 홍익인간은 남을 배려配慮하는 마음이고, 자비慈悲요 사랑이다. 나누는 마음이고, 평등이며 존엄尊嚴이다.

홍익인간의 정신세계에서는 부정否定아닌 긍정肯定의 씨앗만이 존재하고, 오로지 건설과 평화와 자유의 씨앗을 품고 있다. 인간이 자연과 더불어 생존하면서 평등과 상생相生의 진리眞理를 일상생활에서 실천하는 지상최고의 존엄한 사상思想이다. 글로벌시대에 더불어 살아가는 현명한 생활철학이다.

지구촌이 하나의 생활권으로 발전하여 가고 있다. 홍익인간의 정신을 지구촌 구석구석에 펼쳐 인류가 다 함께 행복을 추구하며 살아갈 시대가 온 것이다. 지구에 존재하는 모든 생태계가 꾸준하게 진화 발전하여 온 것처럼 인류의 정치적인 역사도 시대의 변화와 더불어 발전하여 왔다.

독재의 산물인 공산주의는 슬그머니 꼬리를 내리고, 개발독재 역시 이미 지나간 시대의 유물이 되었다. 영악한 식민지 사관도 이제는 지구촌 어디에서도 발붙일 곳이 없어졌다. 군주 왕권제도는 물론이고 제국주의 사상과 국가적 팽창주의는 더 이상 용납하지 않는 세상이다. 일방적인 국가적 이기주의가 더 이상 허용되지 않는 세상이다.

갑과 을의 관계에서도 일방적인 강요가 용납되지 않는 세상이 되었다.

지체 높은 대통령이라도 갑질을 함부로 하면 하루아침에 대통령 자리에서 쫓겨나는 세상이다. 뿐만 아니라, 부모라도 자식에게 갑질을 함부로 하면 자식이 부모를 외면하는 세상이다.

나보다 잘나고 잘사는 사람에게는 낯간지러울 정도로 아첨을 하고, 나보다 못나고 못사는 사람은 민망할 정도로 무시하는 행위는 갑질 중에 가장 치사한 갑질이 되어 공동사회에서 환영받지 못하게 되고, 홍익인간 정신을 심각하게 훼손하는 행위가 된다.

잘살고 못사는 것뿐만 아니라, 잘나고 못난 것을 떠나서 남에게 무시당하면 자신의 존재가치가 부정당하는 것과 같은 느낌이 들어 온갖 불협화음이 생기게 되어 결국은 싸우게 되고 심하면 살인까지 발생하게 된다. 이러한 경우는 개인이나 국가도 마찬가지다. 국가가 무시를 당하면 천추의 한으로 남아 부정적인 앙금만이 쌓여 간다.

21세기 공존共存과 공생共生의 글로벌 시대는 오로지 배려와 안정 속에서 자유를 만끽하면서 피차간에 행복을 추구하며 살아가는 세상이다.

남자가 여장을 하고 여자가 남장을 하고 다녀도 개성이 강한 시대가 되어 별다른 관심을 두지 않고 그러려니 하고 별로 문제가 되지 않는 세상이 되었다. 개인의 프라이버시가 최대한 존중받는 시대가 되어 남의 일에 콩 나와라 팥 나와라 간섭할 필요도 없을 뿐만 아니라, 가정이나 사회적으로 남의 눈치를 볼 것도 없이 오로지 자신의 개성과 취향에 맞는 일에 매진하여 인생의 승부를 거는 시대에 살게 된 것이다.

1, 2, 3차 산업혁명 시대가 증기, 전기, 디지털 산업으로 인간생활을 질적으로나 양적으로 풍요롭게 하여 주는 시대였다면, 앞으로 닥쳐오는 4차 산업혁명 시대는 첨단적인 정보화 시대가 발전하여 인간의 의식 변화의 속도가 산업 발전의 변화 속도를 따라가지 못하는 물리, 공학적인 시대가 된다는 사실이다.

정보통신의 발달로 인간들이 흔히 자행하는 중상모략이나 사기 같은 행태는 전반적으로 줄어들거나 없어지는 반면에 **수많은 직업이 없어져 실업자失業者가 양산되는** 혼란스러운 삶을 살게 될 것이다. 각자가 도생圖生(살아가기를 꾀함)하는 전문가 시대에서 개인의 능력(기능-재능)이 존중 받는 시대로서 모든 분야에서 돋보이는 전문가가 되어야 개개인의 삶에서 풍요로운 삶을 즐길 수가 있고, 국제사회에서 국가 경쟁력을 확보해야 선진국의 대열에 동참할 수가 있을 것이다.

4차 산업혁명의 시대는 인간이 느낄 수 있는 상상想像의 세계를 현실화 시키는 시대가 될 것이라는 전망이다. 예를 들어, 자동차가 운전수 없이 스스로 목적지까지 도착하는 것은 기본이고, 필요에 따라 하늘을 날라 다니기도 하고, 강이나 바다에서 달리기도 하고, 바다 밑으로 잠수하여 어족魚族 자원을 감상하기도 한다. 또한 스마트폰 하나로 세상에 있는 모든 정보뿐만 아니라 초등학교에서 대학에 이르기까지 모든 학습과정을 스스로 터득할 수 있는 시대가 될 것이다. 아울러 인조인간人造人間(로봇)이 사람의 뇌를 능가하여 인간의 모든 양식樣式을 지배하는 놀라운 시대가 올 것이다.

하나 더하기 하나는 둘이 맞는 답이었으나 더 큰 하나라는 답이 나올 수도 있는 시대로서 정답이 없는 세상을 맞이하게 된다는 사실이다.

앞으로 닥쳐올 4차 산업혁명의 쓰나미를 어떻게 맞이할 것인가? 이런 혼돈의 시대에서 과연 인간을 이끌어갈 새로운 정신적 문화가 어떻게 정립이 되어 모든 사람들이 불편부당함이 없는 인간다운 삶을 살도록 할 것인지 고민하지 않을 수 없다.

역사의 변천과정에서 시대적으로 불교가 융성한 나라에서는 불교적인 윤리관으로 살아왔고, 유교가 융성한 나라에서는 유교적인 윤리관으로 살아왔으며, 기독교 국가에서는 기독교적인 윤리관으로 살아온 것이 사실이다. 4차 산업혁명이 실현되는 글로벌 시대에서는 동서양東西洋을 불문하고 개인의 행복과 인류의 평화를 위한 공통적인 윤리관을 필요로 하게 된다. 그것이 21세기를 살아가는 인간들이 진정으로 바라는 염원인 것이다. 그 염원을 **홍익인간** 사상이 자연스럽게 세계적인 윤리관으로 자리잡을 것이라고 생각한다. 사람으로 태어나서 사람답게 사는 것이 홍익인간의 꿈이요 희망이기 때문이다.

홍익인간 사상의 윤리관은, 막힘없는 소통에 의하여 사사로운 개

인적인 갈등과 분쟁을 해소시킬 뿐만 아니라, 지역 간, 국가 간의 분쟁이나 각종 종교적인 이념의 갈등과 분쟁도 종식시키고, 자살폭탄 같은 끔찍한 사건도 없어지게 하여 인류가 공존하면서 더불어 살아가는 세상을 이루는 그러한 윤리관이다. 따라서, 더불어 살아가는 글로벌 시대의 시대정신에 맞도록 개인이나 사회적으로 이기적인 행동을 지양止揚하고 **국가의 정책도 국가이기주의 정책에서 벗어나 홍익인간 정신에 입각한 정책을 수립함으로써 국가 간의 화합과 이익을 도모하게 되는 시대가 될 것이다.**

20세기 이전에 1, 2, 3차 산업혁명 시대에서는 나라마다 경제적인 성장과정에서의 이기적인 경쟁으로 말미암아 자연발생적으로 발생하는 불협화음으로 잡음이 생겨 국가 간의 갈등과 분쟁이나 끔찍한 테러집단이 난무하여 지구촌을 불행하게 만들어 왔다.

더불어 살아가는 글로벌 시대인 21세기 4차 산업혁명 시대에서는 국가 이기주의가 가져다 줄 병폐가 너무나 심각하여 나라마다 자국의 이익만을 추구하는 모든 정책에서 벗어나 인류의 평화와 번영을 위해서 오로지 홍익인간 정신에 입각한 정책을 수립하여 실천하여야 한다.

이기주의利己主義적인 생존법이 아니고, 더불어 살아가는 생존법을 찾아야 한다.

나만 잘 먹고 잘살면 내가 편안해지고 행복해지는 것이 아니다.

내 주변이 편안해야 나도 편안해지고 행복해질 수 있다.

이것이 홍익인간 사상이다.

홍익인간의 실천은 화和 평화를 담보한 소통의 마음으로 시작된다.

화和는 평화의 상징이며, 소통의 지름길이다.

화和는 단결을 뜻하고, 화합이며 결속이다.

평화를 즐기는 것은 인간의 본능이며, 본능적으로 평화를 즐기는 사람은 결코 질투하거나 시기하지 않고, 과욕을 부리지 않으며 인간사에서 하나에서 열까지 오로지 소통하는 마음으로 인생을 살아간다.

개개인의 의사소통은 물론 사회적으로나 국가와 국가 간의 소통을 이루고자 할 때 사랑과 관용의 마음이 없으면 결코 소통을 이룰 수가 없으며, 올바르고 합리적인 마음이나 양보의 마음이 없으면 결코 소통을 이루지 못할 것이고, 신용이 없거나 소통을 이루고자 하는 지혜가 없으면 결코 소통은 이룰 수가 없다.

홍익인간은 모든 굴절을 뛰어넘고, 화和의 마음으로 소통하여 오로지 모든 사람들에게 유익한 삶이 되도록 행동하는 데 있다.

단군왕검께서 나라古朝鮮를 세워, 한민족의 자존自尊인 훌륭한 홍익인간 정신을 건국이념으로 삼아 나라를 다스렸다 할지라도, 후손들이 그 이념을 갈고 닦아서 실천하지 못할 때는 사상누각砂上樓閣에 빛 좋은 개살구요, 유명무실有名無實한 허상虛像일 뿐이다. 아무리 훌륭한 위업偉業

이라 하더라도 그것을 지키고 스스로 갈고 닦아서 실천할 때만이 빛을 보게 되어 있다. 그런 노력을 포기할 때는 민족의 자존감自尊感을 포기하는 꼴이 되므로 결국은 알맹이혼-얼없는 민족이 되고 말 것이다.

인간의 본성을 다스리는 홍익인간 사상을 주창한 정신문화의 1등 민족으로서의 긍지를 갖고, 한민족의 홍익인간 정신의 뿌리를 찾아서 인류평화를 위한 창의적創意的인 사상思想을 깊이 있게 정립하여 실천할 시대가 왔다.

단재 신채호 선생께서는 "역사를 잃어버린 민족은 미래가 없다"고 하셨다.

영국의 역사학자 토인비는 "**극동**極東-韓을 상징에서 세계를 주도할 사상思想이 나올 것"이라고 했다.

루마니아의 소설가 게오르규는 "**21세기 태평양시대에서는 한국의 홍익인간 사상이 세계를 주도한다**"고 했다.

인도의 시성詩聖 타고르는 "**조용한 아침의 나라 조선이 동방의 밝은 빛이 될 것**"이라고 했다.

위대한 민족의 탄생은 위대한 사람들의 정신에서 이루어진다. 반만년의 긴 겨울잠에서 깨어난 한민족이 이제 글로벌시대의 새봄을 맞이하여 **한얼사상의 씨알인 홍익인간의 높고 넓은 뜻을 지구촌 곳곳에**

뿌리내리고 있다. 그 뿌리가 인류 공존의 번영과 평화를 구축하고 있기 때문에 세계가 존재할 수 있다는 사실에 의미를 부여하고 싶다. 그래서 "한민족은 위대한 민족이다."

한얼사상

한얼사상은 한민족의 고유사상이다.

한얼은 나라를 세우는 큰 뜻에서 홍익인간으로 집약되었고, 균형과 조화를 상징하는 태극사상太極思想과 동일한 사상이다. 한민족의 개국이념인 홍익인간도 한얼사상에서 유래된 것이다.

한얼사상은 나로 시작해서 우리라는 공동체로 끝을 맺고, 하나로 시작하여 모든 것을 하나로 끝내는 사상으로서, 개별과 전체를 하나로 조화시키는 사상이다. 작은 나自我로부터 시작해서 큰 민족의 통일된 하나로 끝을 맺는 사상이다. 나로 시작해서 민족을 이루고, 한 민

족이 다른 민족과 균형과 조화를 이루어 하나로 끝나는 것이 한얼사상이다. 인종人種과 종교宗教와 사상思想과 국경國境을 뛰어넘어 하나로 귀결歸結되는 것이 한얼사상이다.

한민족이 친근하게 사용하는 단어 중 어느 나라보다 가장 많이 사용하는 말이 '우리'라는 말이다. '우리'라는 단어가 의미하는 내용이 참으로 오묘奧妙하다. 그 내용을 살펴보면 이렇다.

"우리 집에 놀러 와라."

"우리 아이"

"우리 집사람"

등등의 말들은 '우리'가 '나'를 뜻하는 홀수로서 1인칭 단수대명사가 된다.

"우리 다 함께 행복하게 살아가자."

"우리가 먹는 음식"

"우리 다 같이 배우자."

등등의 말들은 '우리'가 '전체'를 뜻하는 복수로서 1인칭 복수대명사가 된다. 이와 같이 '우리'라는 단어의 의미가 똑같은 1인칭이면서도 단수로 사용하기도 하고 복수로 사용하기도 한다. 이것은 전체가 개체('나')를 아우른다는 뜻이면서, 개체와 전체가 하나라는 개념이다. 작은 '나'가 큰 '전체'를 이룬다는 뜻이기도 하다. 이와 같이 한민족은 일상생활에서 한얼사상을 스스로 몸으로 익히며 살아가고 있다.

하나하나가 모여 전체의 균형과 조화를 이루기 위해서는 평화平和가 담보擔保되지 않을 수가 없다. 그러므로 평화사상이 한얼사상의 본질이며, 불편부당함이 없는 자유自由사상이 한얼사상의 근간을 이룬다.

한얼사상은 소통의 완성이다.

평화로운 환경에서 자유를 누릴 때 소통疏通은 이루어지는 것이고, 소통이 화목한 가정을 이루게 하고 활기찬 사회를 이루게 하며 정의正義가 살아있는 국가를 만들어 간다. 소통으로 작은 하나하나가 모여서 국가를 이루고 국가가 하나가 됨으로 합리적인 통일 국가를 이루게 한다.

소통은 민주적이고 갑과 을의 개념이 없는 평등한 상태에서 자유로운 의사소통으로 이루어진 것이라야 강력한 힘을 발휘할 수 있다. 소통 없는 대화는 갈등과 번뇌를 일으킬 뿐 아무런 도움이 안 된다. 동상이몽同床異夢격으로 겉과 속이 다른 마음을 가지고 대화를 할 때는 성과를 거두기 어렵다(북핵 문제로 6자 회담을 했을 때 북한의 경우다).상대방의 의견은 무시하고 자신의 생각만을 주장하면 소통을 이룰 수가 없다. 역지사지易地思之의 마음으로 상대방의 입장에서 대화對話를 할 때 소통疏通은 원만하게 이루어진다.

한민족에게는 평화사상이 체질화되어 있고, 자유사상이 뿌리를 내리고 있다. 한민족은 선천적으로 유순柔順하고 인자仁慈한 성격으로 태어난 민족이다. 천성天性적인 성품性品이 유순하고 인자한 사람은 평화를 사랑하고, 자유를 신봉信奉하지 않을 수 없다. 그리하여 한민족은 반만년 동안 주변 국가로부터 수많은 침략을 받으면서도, **한결같은 민족성으로 나라를 지킨 잠재력이 강한 민족이다.** 오죽하면 오래 전 화하문화華夏文化 시대에 중국에서도 한민족은 평화를 상징하는 어질고 인자한 백성이기에 군자불사지국君子不死之國이라고 했다.

군자君子는 대인大人을 뜻하며, 대인은 큰 사람을 뜻하는 것이니, 평화를 상징하는 큰 민족이라 죽지 않는다고 했다. 대한大韓이라는 국호國號에 담긴 뜻을 새겨보자. 대한민국은 본래부터 큰 사람이 한얼사상으로 무한대로 클 수 있는 민족의 국가라고 풀이할 수 있다. 한민족의 한韓이나 대한민국의 한韓은 같은 뜻으로 한민족의 얼영혼을 상징하는 한얼사상으로 집약된다. (최창규 지음 〈한국의 사상〉 참조)

큰 마음을 가진 사람을 우리는 흔히 그릇이 큰 사람이라고 한다. 사사로운 작은 일에 구애받지 않고, 언제나 깊이 생각한 후에 행동하되 그 행동하는 것이 대범하면서도 지나치지 않으며, 남을 시기하거나 질투하지 않으며, 어지간한 잘못은 용서할 줄 아는 관용을 가진 자로 큰 뜻을 품되 묵묵히 실천하는 사람을 우리는 그릇이 크다고 한다. 그릇이 커야 많은 것을 담을 수 있다. 건국 이래 홍익인간과 같은 훌륭한 삶의 철학을 실천해온 한민족은 큰 그릇임이 분명하며, 이제 인류의 공존共存과 번영을 큰 그릇에 넉넉히 담아 지구촌에서 정신문화의 종주국이 될 수 있음을 자부한다.

한얼사상의 홍익인간 실천은 나부터 시작해야 한다.

나부터 시작하여 가정에서 꽃을 피우고, 이웃 간에 소통하여 행복을 취하고, 봉사하는 마음으로 삶의 보람을 찾으며, 사회생활의 배려와 친절로써 믿음과 정의를 실현하여 인류에 공헌하고 국제사회에 안녕과 질서를 지켜가야 할 것이다.

한민족의 고유문화固有文化

한민족은 반만년이라는 기나긴 역사만큼 다양한 문화를 갖추고 있다. 한민족은 독특한 의식주衣食住 문화를 이루고 있을 뿐만 아니라, 세계인들이 흠모欽慕 하고 경탄해 마지않는 고려청자를 비롯한 각종 우수한 예술품을 창작하여 뛰어난 창의성創意成 을 보여주고 있는 민족이다.

한민족의 가장 뛰어난 고유문화는 소리 나는 대로 적을 수 있는 소리문자한글와 그에 따른 단일언어言語 문화를 갖추고 있는 일등 문화권의 민족이다. 합리적이고 과학적인 한글에 심취心醉 되어 지구촌에서 한글을 국어로 사용하는 나라가 생겨났으며, 미국, 태국, 호주 등 수많은 나라에서 한글의 우수성을 인정하고 서로 다투어가며 한글을 배우고 있다.

지나간 역사와 흘러간 세월에 따라서 형성된 고유문화가 수없이 많다고는 하지만 무엇보다도 **인성**人性을 가꾸는 홍익인간이란 훌륭한 윤리관倫理觀을 갖추고 있는 민족이 한민족이다.

한민족은 우주의 원리인 태극太極사상을 정신문화의 근간으로 삼고 있다. 균형의 조화가 중정中正하게 이루어져 무극無極의 상태를 이룬 것이 태극이다. 무극인 태극에서 일순간에 핵분열을 일으켜 음陰과 양陽이 생성되고 음과 양의 균형과 조화를 이루는 과정에서 목, 화, 토, 금, 수木,火,土,金,水의 오행이 생성되고, 오행의 원리에 의해서 천지창조와 사계절이 생성되고 삼라만상森羅萬象이 생성될 뿐만 아니라 인간의 품성을 나타내는 오상五常-仁, 義, 禮, 智, 信도 생성된다는 사실이다.

태극사상을 신봉하면서 스스로 하늘의 백성이라고 자청하는 민족

이기에 한민족은 천부적인 윤리관을 갖춘 민족이다.

물질문명의 이기적利己的인 서양문화에 비하여 동양문화는 유불선儒教,佛教,仙教의 혼합적인 문명과 더불어 정신精神 문화가 더욱 발전하여 왔다. 그러한 정신문화의 맥락에서 한민족은 홍익인간 사상의 걸-맞는 삶을 민족의 고유문화로 누리면서 오상五常-仁, 義, 禮, 智, 信을 동양권東洋圈의 공통적인 윤리로 받아들이면서 나름대로 철저하게 한민족의 윤리관으로 지켜왔다.

사람은 태어나면서부터 사랑仁으로 시작하여, 예절禮로써 성장하고, 의義로써 앞길을 열어 세상에 나서고, 믿음信으로 바르게 하여 살찌우고, 지혜智로써 인간성人間性을 완성시키는 오상五常- 仁, 義, 禮, 智, 信의 뜻을 사람으로 태어나 사람답게 살아가는 덕목으로 받아들여 한민족의 기본적인 윤리관으로 매김하여 왔다.

한얼사상이 홍익인간정신을 품었고, 홍익인간정신이 오상〈五常〉을 품은 것이다. 오상五常의 개념은 맹자孟子가 주창한 인仁, 의義, 예禮, 지智 4개의 논리에 중국 한漢 시대에 동중서董仲舒가 신信의 덕목德目을 보태어 소통을 중하게 여길 것을 강조한 유교儒教의 근본을 이룬 오덕五德의 윤리 의식이다.

맹자가 말하고 동중서가 손질을 한 오상五常이 중국에서 나온 윤리관이라 하더라도 한민족이 겪어온 역사적인 사항으로 미루어 볼 때 오상五常·五德을 한민족의 도덕적인 윤리관으로 여겨왔다는 사실을 역사적으로 증명하는 내용이 크게 두 가지가 있다.

첫 번째는, 일찍이 AD 192년 고구려高句麗 제9대 고국천왕 때에 명재상이던 을파소 선생께서 인간이 갖추어야 할 기본적인 윤리관仁,義,禮,智,信을 〈홍연정결洪演正結〉에 수록 편찬하여 사람다운 덕목을 쌓도록 가르쳐온 사실이 있다. (강영석 지음 〈기문명리정결奇門命理正訣〉 참조)

두 번째는, 600여 년 전 14세기 말 조선을 건국하면서 한양도성을 오상五常에 기초하여 건립하였던 것이다. 한양도성을 드나드는 동서남북의 4대 출입문의 이름을 지을 때 오덕五德을 상기시키는 인仁, 의義, 예禮, 지智, 신信으로 찬명撰名하여 한민족이 일상생활 속에서 기본적인 다섯 가지 덕목을 항상 지키도록 나라에서 국민들에게 천명闡明한 사실이 있었다.

동대문은 '인仁을 일으키는 문'이라 해서 흥인지문興仁之門이라 했고,

서대문은 '의義를 두텁게 갈고 닦는 문'이라 해서 돈의문敦義門이라 했다.

남대문은 '예禮를 숭상하는 문'이라 해서 숭례문崇禮門이라 했으며,

북대문은 '지智를 넓히는 문'이라는 뜻으로 홍지문弘智門이라 했다.

그리고 중심에 가운데를 뜻하는 '신信'을 넣어 국민들이 소통하기를 바라는 마음으로 도시 중앙에 보신각普信閣을 세웠다.

인仁은 측은지심惻隱之心으로 불쌍한 것을 보면 가엽게 여겨 정을 나누고자 하는 마음이고,

의義는 수오지심羞惡之心으로 불의를 부끄러워하고 악한 것을 미워하는 마음이다.

예禮는 사양지심辭讓之心으로 자신을 낮추고 겸손해야 하며 남을 위해 사양하고 배려할 줄 아는 마음이고,

지智는 시비지심是非之心으로 옳고 그름을 가릴 줄 아는 마음이며,

신信은 광명지심光明之心으로 중심을 잡고, 항상 가운데에 바르게 위치해 밝은 빛을 냄으로써 믿음을 주는 소통疏通의 마음이다.

이상과 같이 인, 의, 예, 지, 신 5가지 덕목은 인간이 기본적으로 지켜야 할 윤리도덕인 동시에 한민족의 윤리관이었다.

한민족의 오덕五德의 개념은 한민족의 한얼사상과 홍익인간 정신에 부합하는 한민족의 전통적인 순수한 윤리관이다. 한민족의 정신력에서 우러나온 민족의 고유한 정신적인 문화유산으로 매김하여 왔다. 결코 어떠한 종교적인 율법에 국한된 것이 아니고, 한얼사상의 씨앗인 홍익인간 정신으로 이어가는 한민족의 빛나는 이념의 유산이라 할 수 있다.

오상五常의 윤리관이 한민족의 뿌리 깊은 정신세계로 수천 년간 꽃을 피워 왔다. 글로벌 시대에 세계를 품을 수 있는 정신적인 자산이다. 그래서 한민족은 1등 국민의 자질을 갖추고 있는 민족이다. 1등 국민

은 1등 국가의 상징이다.

짐승은 덕목을 갖출 수 없기 때문에 거칠고 야만스럽고 천덕스러운 행동을 하게 되는 것이다. 그래서 덕목을 갖추지 못하고 함부로 행동하는 사람을 가리켜 짐승 같은 인간이라고 한다. 문제는 사람이 태어날 때 누구나 덕목을 골고루 갖추고 태어날 수가 없는 것이다.

사람이 태어나는 공간과 시간에 따라서 선천적인 성격(덕성)이 다르게 형성되고, 성장하는 환경에 따라서 성격이 천차만별로 다르게 형성되기 때문에 '분수대로 살자'는 말이 생겨나기도 했다. '분수대로 살자'는 말은 자신의 형편에 맞게 살자는 뜻이다. 남을 의식하지 않고 형편에 맞게 산다는 것은 자신에게 주어진 삶을 즐겁고 행복하게 살기 위해서다. 세상에 태어나서 누구는 남으로부터 존경받는 삶을 살아가는가하면, 더러는 죄를 짓고 평생을 고생만 하면서 세상을 원망하기도 하고, 극단적으로 삶을 자포자기自暴自棄하는 사람도 있다. 모든 것이 덕을 갖추거나 갖추지 못한 까닭에 있는 것이다.

윤기尹起**(1741~1826) 선생께서 "아이를 사랑하기만 하고 올바르게 가르치지 않으면 짐승으로 기르는 것이다"라고 했다.**

어려서부터 자기 자식 귀한 줄로만 알고 오냐오냐하면서 키우다 보면, 아이는 좋고 나쁨을 구분 할 줄을 모르게 되어 자신이 나쁜 짓을 해도 되는 줄 알고 성장한다. 문제는 자기 자식이 못된 짓을 하거나 욕

설을 해도 크면 자연스럽게 나아지겠지 하는 어른들의 마음가짐이다. 아이가 성장하면서 못된 버릇이 성격으로 굳어져버려 사춘기를 지나 성인이 된 다음에는 고칠 수가 없어 짐승 같은 인간으로 살아가게 된다.

태어날 때 선천적으로 갖추지 못한 덕성仁, 義, 禮, 智, 信**을 후천적으로 쌓기 위해서 온갖 정성을 다하여 마음의 농사를 짓는 것이 인성교육이고 지혜로운 삶의 철학이다.** 덕성을 고르게 갖춤으로써 자신에게 닥쳐오는 불행한 액운厄運을 그런대로 감수할 수가 있다. 올바르게 사는 길이 윤리 도덕을 지키는 것이라면 5가지 덕목을 골고루 갖추도록 습관적으로 꾸준하게 노력하는 마음의 자세가 올바른 삶을 사는 길일 것이다.

덕德을 갖춘 사람은, 자신의 품위를 지킬 뿐 경거망동輕擧妄動하지 않고, 권력을 함부로 남용하지 않으며, 돈이 많아도 유세有勢떨거나 함부로 사용하지 않는다. 또한 덕德을 갖춘 민족은, 남의 나라를 함부로 넘보지 않는다.

복잡한 사회 구조 속에서 시시때때로 어려운 상황을 만나게 되는데 그 고충을 지혜롭게 참고 견디면서 합리적인 순리대로 풀어나갈 때는 자신의 안위安慰와 가정을 행복하게 유지하여 나갈 수가 있으며 그것이 바로 사회를 발전시키는 근본이 된다. 사람들은 살아가면서 알게 모르게 가정의 윤리를 파괴하고 사회 질서를 혼란스럽게 함으로써 스스로 불행을 자초하는 행동들을 아무런 죄의식도 없이 곧잘 자행한다. 부부나 부모자식 간에 서로가 불평을 하고, 친척이나 친지들이 자신의 마음에 맞지 않는다고 항상 불만스러운 상태에서 매사에 불평을 일삼는 사람은 결코 행복한 인생을 살아갈 수가 없다. 삶의 과정에서 시시때때로 발생되는 불편스러운 일들을 너그러운 마음으로 소화시킬 수 있는 지혜를 갖춰야 한다. 그 지혜로운 정신이 바로 자신을 행복하게 만들어가는 길이다. **지혜로운 사람은 다소 불편한 일이 생기더라도 즉시 소화시키는 순발력으로 불평을 하지 않는다. 그러므로 인생을 행복하게 즐긴다.**

항상 남을 배려하면서 봉사하는 마음을 갖고 살아가면, 그 보답으로 오히려 자신이 봉사를 받게 되어 세상살이를 어렵지 않게 살아가게 된다. 봉사하는 마음을 갖는 사람은 매사에 성실한 처신을 한다. 성실한 사람은 삶을 긍정적으로 살아간다. 긍정적인 사람은 자신의 삶을 꾸준히 개척하여 나간다. 사회적으로 성공한 사람들은 모두가 긍정적으로 살아가는 사람들이다. 사리판단이 지극히 합리적이며, 원만한 사고력으로 언제나 중용中庸을 지킬 줄 안다. 어떤 일을 추진할 때 자신이 생각한 것보다 기대에 미치지 못하더라도 긍정적으로 봉사한다는 마음을 가지는 사람은 스스로 괴로움을 잠재운다.

자신이 좋아서 하는 봉사는 마음이 즐거워지기 때문에 체내에서

'엔돌핀'이 잘 분비되어 건강에도 좋다. 그러나 모든 일을 마지못해서 움직일 때는, 소화세포가 경직되어 먹은 음식을 제대로 소화시키지도 못할 뿐만 아니라, 그 부작용으로 건강에도 해롭다.

남편은 부인에게, 부인은 남편에게, 부모는 자식에게, 자식은 부모에게, 형제자매는 서로에게, 친구에게, 일상적으로 만나는 사람들에게, 이웃과 대화를 할 때 예의를 갖추고 봉사하는 마음으로 언제나 성의 있는 태도로 진지한 대화를 나누게 되면 상대방의 마음을 얻게 되어 상대방으로부터 믿음을 받게 된다. 그 믿음은 서로를 더욱 가깝게 하는 소통의 힘으로 발전하여 세상을 살아가는데 든든한 동반자가 될 수 있으며 자신의 인생에 아낌없는 반려자가 될 수 있다.

어떻게 하면 상대방에게 믿음을 주고, 즐겁게 하여주나, 그것만을 생각하고 그대로 행동하면 그 복이 결국은 본인에게 돌아오게 되어 있다. 대화하는 상대에게 성의 없이 건성으로 말을 하고 건성으로 듣는 척하면, 상대방이 마음을 주지 않게 되어, 그 순간순간이 시간 낭비일 뿐 피차간에 도움이 되지 않는다.

진실성 없이 세상살이를 '척'하며 살아가는 사람은 남으로부터 진정한 마음을 받을 수 없게 된다. 사람들은 믿음직스럽지 못한 사람에게는 소통을 이룰 수가 없는 까닭으로 접근하기를 꺼려하기 때문에 결국은 외로운 인생살이를 살아갈 수밖에 없게 된다.

한평생을 같이 사는 부부간에도 서로 지켜야할 **예의범절**이 있음에도 불구하고, 상대방의 자존심을 건드리거나 괴로움을 주게 되면, 마음에 벽이 생겨 '너는 너, 나는 나' 하는 식이 되어, 이들 부부에게 웰빙*이라는 단어는 이미 물 건너가게 된다. 흘러가는 세월 따라 틈새가 더욱 벌어지면, 결국은 결손가정이 되어 가정의 파탄과 더불어 사회적으로도 여러 사람들에게 피해를 주게 된다.

하루가 멀다 하고 **의**義롭지 못하게 부부간에 큰소리나 치고 티격태격 싸우면, 그것을 보고 자란 아이들은 감정이 삐뚤어져 성장과정에서 항상 말썽만 일으키거나 대인관계가 원만하지 못하게 되어 친구들로부터 왕따 당하기가 십중팔구다. 그렇게 자란 아이들은 사춘기에 이성관계가 난폭해질 수가 있으며, 결혼 적령기가 되어도 부모에게 환멸을 느낀 나머지, 자신의 결혼생활이 원만하지 못하게 되거나 결혼을 포기하는 수가 있다. 결국은 극단적인 이기주의자로 성격이 굳어지게 되므로, 남을 돕고 산다는 봉사정신은 사라지고, 평생을 외톨이 인생으로 살아갈 수밖에 없다.

덕성德性을 제대로 갖추지 못하고 제멋대로 살아가는 사람이 많아질 때는 사회가 삭막해져서 사람들은 세상 살아갈 맛이 없어지고 재

---

*웰빙 well-being : 육체적·정신적 건강의 조화를 통해 행복하고 아름다운 삶을 추구하는 삶의 유형이나 문화를 통틀어 일컫는 개념

미가 없어 삶의 의욕을 잃게 된다.

그래서 가정은 사회생활의 근본이요, 국가 발전의 원천이라고 했다. 모든 사회적인 범죄는 가정에서부터 시작된다. 가정이 행복한 사람은 사회생활이 행복하다. 인생살이는 자신이 마음먹기에 따라서 결정된다. 행복의 길을 택하면 행복하여질 것이고, 불행의 길을 택하면 반드시 불행해진다. 행복과 불행은 자신이 결정하게 된다.

일생을 살아가면서 언제나 행복의 씨앗을 심는 마음으로 처신하며 살아가는 사람은 인생이 언제나 행복할 것이고, 불행의 씨앗을 심어가며 사는 사람은 항상 불행한 삶에서 벗어나지 못하게 된다. 자신이 원하는 진로를 결정해서 행복의 씨앗을 심는 마음으로 일로매진一路邁進하면 반드시 원하는 것을 얻게 된다. 자신의 취향趣向에 맞는 것을 택하여 꾸준하게 개발하다보면 자신의 진면목眞面目을 찾게 되고, 그 진면목이 자신의 소질과 재능으로 연결될 때 자신의 삶은 드디어 꽃을 피우게 되는 것이다.

사람은 태어날 때 자기만의 소질과 재능을 가지고 태어난다. 정치, 경제, 사회, 문화, 과학, 등등의 어느 분야에서 종사하고 활동하던 자신의 적성에 맞아야 발전할 수가 있고, 즐겁고 보람 있는 인생을 보낼 수가 있으며 올바르게 **덕성**을 갖춤으로 진정으로 가치가 있는 성공적인 삶을 거둘 수 있다고 생각한다.

다섯 가지 덕목과 품성

- 오상 五常-五德

사람이 갖춰야할 다섯 가지 덕목[德目 - 仁, 義, 禮, 知, 信 -] 중에 어질 인[仁] 자의 담긴 뜻과 교훈을 깊이 새겨보자. 사람 둘[二]이서 구김살 없이 나란히 평행선을 그으며 균형과 조화를 이루고 있다. 그것은 사람사회에 차별이 없음을 뜻하고 있는 것이다. 이를테면 사람은 누구나 귀하고 천함이 따로 없다. 어린아이나 청년이나 장년이나 노인이나 사람으로서 동등하다는 뜻이다.

대자연 앞에서는 모두가 평등하다는 교훈을 주고 있으니 서로가 함부로 대하지 않고, **우주만물**宇宙萬物(인간 세상 포함)을 보살핌에 있어서 사랑과 자비로써 베풀어야 한다는 진리가 담겨져 있다. 사랑과 자비가 모든 사람들에게 공평하고 평등하게 꽃을 피워주는 씨앗이 된다는 사실이다. 사람이 누릴 수 있는 최고의 자유와 평화와 행복을 만들어 준다는 진리가 아닐 수 없다.

가진 자가 가난한 자를 천시하지 않고, 배운 자가 못 배운 자를 업신여기지 않으며, 힘 있는권력자가 힘없는 자(백성)를 우롱하지 않고 기만欺瞞하지 않으니 어질다고 하지 않을 수 없다. 세상의 모든 이치理致가 균형과 조화를 원만하게 이룰 때 안정을 찾게 되고 안정 가운데 평화가 존재하고 평화 속에서 사랑이 생기고 사랑함으로 행복을 느끼게 된다.

균형과 조화를 원만하게 이루지 못할 때 약자는 강자의 눈치를 보게 된다. 이러한 현상은 가족을 비롯한 인간관계에서 자연발생적으로 생겨나는 불행의 조건이 된다. 어른이 어린아이의 눈높이에 맞춰가며 즐겁게 놀아줄 때 균형있는 조화를 이루게 되어 행복을 느끼게 된다.

1. 인仁의 품성

- 어질고 인자하며 천성이 곧고 바르다.
- 주위 사람들과 잘 어울리며 관용도 잘 베풀 줄 안다.

- 겉으로 보기에는 온화하고 조용하면서도 생각하는 바가 깊고 치밀한 반면에 화려한 면도 있다.
- 참을성이 강하고, 수동적受動的이고, 침묵하는 편이다.
- 이지적理智的인 면이 상당하여, 어떤 일을 추진할 때 철저한 계획에 의거하여 확고한 기초를 다지는 성격이다.
- 부하직원이나 손아래 사람을 잘 다스리며, 고집이 강하여 어떤 일이건 한번 생각하면 흔들리지 않고 꾸준히 추진해 나간다.
- 마치 잡목이 무성한 산속에서 혼자 우뚝 서 있는 잣나무와 같이 **아무리 어려운 일이 있어도 꾸준하게 해결하여 나간다.**
- 바위틈에 있는 나무가 살아가기 위해서 뿌리를 뻗어 내리듯 삶에 대한 의지가 매우 강하다.
- 이성異姓에 대한 감정이 깊고, 다정다감하여 대인관계도 무난하다.
- 사물을 대할 때도 감정이 풍부하다.

2. 예禮의 품성

- 예의범절禮儀凡節이 분명한 사람은. 마음이 밝은 사람이다. 주로 덕망德望을 중요시하고, 총명한 편이며 명예심名譽心이 강하다.
- **청렴결백하고 나눔의 마음으로 살아간다.**
- **질투하거나 시기심이 없으며, 남을 중상모략 하지 않는다.**
- 겉으로는 온화하고 조용한 듯이 보이나 내심內心으로는 무척 급하고 폭발적인 면이 있으나 반면에 자제력自制力이 강한 편이다.

- 당면한 문제를 내일로 미루거나 다음으로 미루지 않는 성격이다.
- **즉시 처리하는 성격이다.**
- 생각하는 것이 깊고, 말솜씨도 능숙한 편이며, 노력을 많이 한다.
- 대개는 점잖고 군자다운 양심과 품위를 가지고 있다.
- 주로 **주위 사람에게 후厚하고 의리義理를 지킨다.**
- 혈기 왕성하여 일을 할 때는 과감하고 민첩하며 식견이 넓고 수완이 좋아 큰일을 계획하고 처리하는 소질이 풍부하다.

3. 신信의 품성

- 신의信義가 있는 사람은, 성격이 무난하면서 성실하고 돈독하며 신용을 소중히 여긴다.
- 순박하고 신용이 있으며 의리가 깊고 검소하니 능히 치부致富하며 살아간다.
- 모든 일에 중용中庸을 지키려하고, 소통을 중요시하며 매사에 용의주도하고 침착하니 주변사람과 서로 잘 어울리며, 손윗사람에게 신뢰받고 손아랫사람에게 존경받으니 마땅히 덕망德望있는 사람이라는 소리를 듣는다.
- 외형적으로 매우 온화하고 침착하고 침묵하는 편이나 내면은 강직하고 보수적이다.
- 말없이 행동하기를 좋아하고, 본심을 드러내지 않는 성격이다.
- 어떤 일을 할 때는 민첩한 수완으로 능력을 발휘한다.

● 명예심名譽心이 강한 것이 특징이다. 신용이 없는 사람은 거짓말을 잘하게 되고, 사람을 기만하며, 인생을 어렵게 살아간다.

4. 의 義 의 품성

● 의로운 사람은 **정의감**正義感이 강하다.

● 성질이 강직하고 굳세며 인내력忍耐力이 강하고, 진취적인 용기와 견고한 의지로 능히 소원을 관철한다.

● 사치와 화려함을 도외시하며 오직 올바르게 살아가는 데만 정신을 쏟으며 자신의 품위가 손상되는 일에는 눈을 돌리지 않는다.

● 주변 사람과 융화하거나 동화되는데 별로 신경을 덜 쓰는 편이다.

● **성격이 굳고 밝으며 의리를 존중하고 비루鄙陋한 꼴을 보기 싫어하며 희생봉사정신이 강하고 모든 일처리에 신속하며 능숙하다.**

● 칼 같은 성격의 소유자로 용단과 결단이 정확하여 어떤 어려움에 처한다 하더라도 잘 해결하여 나가며 그 기백이 대단하다.

5. 지 智 의 품성

● 지혜가 있고 영리한 사람은 배우기를 좋아하고, 탐구정신이 강하며, 모험심이 강하다.

● 지혜와 재주가 뛰어나고 슬기로우며 글재주가 특출하여 큰 뜻

을 품고 큰 계획을 세우기도 한다.

- 모든 것을 지혜롭게 깊이 생각한다.
- 실력을 갖추고 일을 추진하는 활동력이 강하며, 일처리가 능수능란하여 잠시도 쉬지 않고 활동한다.
- 천성이 순박하여 **남을 해치거나 피해를 주지 않으며**, 주변 사람들에게 은혜를 베푸는 미덕을 겸비하고 있다.
- 자신의 힘을 키운 사람은 의협심이 강하고, 자신보다는 약자를 돌보는 반면에 헛되이 정력을 소비하는 경향도 있다.
- 겉으로는 조용하고 약해 보이나 내적으로는 융통성이 있어 일처리에 중용을 지키며 주변 사람들과 잘 어울리며 친구가 많고 머리가 영리하여 판단력이 정확한 편이다.
- 전광석화電光石火와 같이 두뇌회전이 빠르다.
- 지능이 높은 사람 중에서 괴짜 같은 사람이 나오기도 하고, 위인偉人과 열녀烈女와 기인奇人 등의 인물이 많다. (강영석 지음 〈기문명리 정결奇門 命理 正訣〉 참조)

잠언箴言

● 당신이라면 **사랑과 관용**을 베풀 줄 모르고, 인색한 사람과 사귀고 싶겠는가?

예의범절禮儀凡節이 없는 행동으로 민망하고 당혹스럽게 만드는 사람과 상대하고 싶겠는가?

의리義理가 없어서 배신背信과 모함이나 질투를 반복 하는 사람과 친구하겠는가?

신용信用 없는 사람과 거래를 하겠는가?

지혜智慧가 모자라 부정적인 사고에서 벗어나지 못하고 항상 불평불만에 쌓여 사람을 피곤하게 하는 사람과 인연을 맺겠는가?

결국, 오상五常-仁,義,禮,智,信을 마음속에 품고 사는 사람은 귀한 대접을 받지만, 오상에 관심이 없는 사람은 대인관계對人關係에서 천대賤待를 받는다는 사실이다.

● 지구에 생존하는 수많은 동물들 중에서, 거울 앞에서 모양을 내거나 오상五常-仁,義,禮,智,信을 마음속에 품고 사는 동물은 인간 뿐이다.
그것은 인간이 인간답게 살기위한 방편이면서, 만물萬物의 영장靈長 노릇을 할 수 있는 영혼靈魂-사람의 모든 정신적 활동의 본원이 되는 실체을 지닌 인간이기 때문이다. 인간은 영혼을 지녔기 때문에 함부로 행동할 수 없는 것이다.

영혼은 맑은 영혼이 있고, 흐린 영혼이 있다. 맑은 영혼은 당당하고 떳떳하면서 구린내가 나지 않는다. 흐린 영혼은 비굴하고 야비하면서 구린내가 많이 난다. 맑은 영혼은 겸손하여 **갑질**을 하지 않지만, 흐린 영혼은 무례無禮하여 아무데서나 건방지게 갑질을 한다.

홍익인간 사상은 **갑질**을 하지 않는다. 맑은 영혼은 사람을 괴롭히지 않으나, 흐린 영혼은 사람들을 괴롭힌다. 맑은 영혼은 교양敎養 있는 행동을 하고, 흐린 영혼은 제어制御 장치가 망가진 상태로 교양 없이 살아간다.

맑은 영혼과 흐린 영혼의 차이는 상식적常識的으로 오상五德-仁, 義, 禮, 智, 信을 마음속에 품고 사느냐, 버리고 사느냐는 차이에서 나타나게 되어 있다.

● 인생을 잔인하게 사는 사람은 어질지 못해서 사랑을 모른다.

사랑을 모르니 외롭고 고독할 수밖에 없다. 남에게 마음을 주지 못하니 항상 불안한 마음의 상태에서 벗어나지 못한다.

● 잘잘못을 구별하지 못하고 분별없는 인생을 사는 사람은 정의롭지 못하여 평생 동안 가짜인생으로 살아가게 된다.

한 번 살다가는 인생살이에 단 한 번이라도 자기 인생을 살다가는 사람은 나름대로 인생의 깨우침을 얻은 사람이다.

● 사회 지도자급이 정의롭지 못하면 후진국을 벗어나지 못한다.

정의롭지 못한 사회는 부정부패와 각종 비리가 끊이지 않아 삶 자체가 사기詐欺를 치거나 사기를 당하며 살아가는 세상에서 살아가게 된다.

말과 행동이 일치하지 않는 사람이 공직公職의 지도자가 될 경우 국가의 정통성을 세울 수 없게 되고 후진국을 벗어나지 못하게 된다.

● 사람을 비롯해서 모든 동물은 자신에게 친절을 베풀어 주는 상대에게 마음을 주게 되어 있다.

자신이 만나는 모든 사람들이 편안함을 느끼도록 행동하고 싶으면 오상五常-仁, 義, 禮, 智, 信을 바탕으로 해서 일정한 수준의 인격人格을 갖춰야 한다.

● **몸은 부모가 만들어 주셨지만, 삶은 자신이 만드는 것이다.**

잘살고 못사는 것은 자신의 탓이다. 남을 원망하지 말고, 자신의 길을 행복하게 닦으며 사는 것이 자신이 할 일이다.

● **생명은 부모에게서 받고, 죽음은 자식이 거둔다.** 그래서 부모에게 효도하고, 자식을 사랑해야 한다.

내가 몸담은 나라가 있고, 나의 삶을 풍요롭게 하여준 이웃이 있고 사회가 있다. 그래서 나라를 위하고, 이웃과 사회를 사랑해야 한다. **그것이 자신의 인생을 행복하게 사는 방법이다. 곱거나 밉거나 내 곁에 있는 사람들은 내 영혼에 꽃을 피워준 사람들이다.**

다른 나라가 있기 때문에 내 나라도 있다. 지구상에 다른 나라가 하나도 없으면 내 나라도 있을 필요가 없다.

남이 존재하기 때문에 나도 존재한다. 그래서 남을 존중하고 남에게 베풀어야 한다. 그것이 홍익인간弘益人間 정신이다.

● **내가 살기 좋은 환경은 남이 만들어 주는 것이 아니라 내가 스스로 만들고, 만들어 가는 것이다.**

● **좋은 생각이 좋은 하루를 만들어 가고, 좋은 하루하루가 쌓여 좋은 인생을 만들어 간다.** 늘 기쁘게 사는 사람은 나누는 기쁨을 가진 사람이다.

● **행복은 멀리 있는 것도 아니고, 돈 주고 사는 것도 아니다. 내 마음속에 있는 것이고, 누구나 가슴 속에 행복의 문은 언제나 열려 있다.**

● 자신의 도리道理는 생각하지 않고, 남의 도리만 따지는 이기주의적인 생각에서 벗어나야 한다. 그것이 모두를 편하게 하여주고 행복을 만들어 준다. 윤리 도덕을 지키는 것은 모두가 행복하기 위해서다.

● 내가 하면 로맨스고 남이 하면 불륜이라는 사고방식에서 벗어나야한다. **자신의 행복을 위해서 자신부터 변해야 한다.** 누구나 자신부터 변해야 가정이 행복하여지고, 사회와 국가가 안정되고, 더불어 살아가는 글로벌시대에 인류가 평화롭게 살아간다는 사실이다.

● **내 생애**生涯가 오늘이 마지막이라고 생각하면서 살면 자신의 삶은 결코 후회되지 않는 삶이 될 것이다.

오늘이 마지막 삶이라고 생각한다면 얼마나 공허할까? 마음을 비울 수밖에 없다. 마음을 비우면 잡다한 잡념이 없어지니, 편안하여지고 행복하여진다. 그러나 내일 생(삶)을 마감하더라도 오늘은 사과나무를 심을 것이다. 그것은 내가 살아있는 사람들에게 줄 수 있는 삶의 마지막 선물이기 때문이다.

● **마음속에 일상적으로 쌓이는 지옥에서 탈출하자.**

● 삶의 흔적이란 죽음과 더불어 사라지는 것인데, 너무나 현실에 집착하다보면 그 사실을 잊어버리고 살면서 온갖 구겨진 굴절을 남긴다.

● 은혜를 배반이나 원수로 돌려주는 짐승 같은 인간이 있다. 모두가 오상五常,五德-仁, 義, 禮, 智, 信**을 멀리하고 이기주의**利己主義**로 살고 있기 때문이다.**

● 불만은 지혜로 풀어야지, 시비是非**로 풀어서는 안 된다.**

불만스러운 마음이 들 때는 슬기로운 지혜로 부드럽게 풀어야지, 시비나 따지는 식으로 하다보면 시비가 시비를 낳는 꼴이 되어 피차간에 마음이 상하여 결국은 싸우게 된다. 상대를 무안無顔하게 하는 것은 후일 자신도 무안을 당하는 선례를 남기는 것이다.

● 불평불만은 자신의 영혼(마음)을 멍들게 하거나 병 들게 한다.

불편한 감정이 생길 때 즉시 해소시킬 수 있는 소양素養을 평소부터 일상적으로 키워나가야 자신이 편안해진다. 불평불만에 젖어 있으면 그 감정이 꼬리에 꼬리를 물고 늘어져 해어나기 어려운 함정에 빠져들어 그 괴로움에서 벗어나지 못하고 신경쇠약에 걸리거나 올바른 판단을 못하게 된다.

불평불만에 얽매이지 않는 것이 보약 이상으로 정신건강에 좋은 것이다.

● **똥은 무서워서 피하는 것이 아니라 더러워서 피한다.**

시비是非하는 것은 자신이 무능하고 옹졸하여 생겨나는 마음의 표현이다. 남의 잘못을 탓하기 전에 자신부터 살펴야 한다.

● **남의 잘못을 탓하기 전에 자신부터 살펴야 한다.**

어느 사람에게 (가족 포함) 불만이 생겼을 때 자신은 그 사람에게 어떻게 했는가를 생각한 다음 불만을 표현해야 한다.

● 무식하고 무례無禮한 것보다 유식하고 예의 바른 것이 세상 살아가기는 편하다.

● **녹은 쇠에서 생기지만 차차 그 쇠를 먹어버린다.**

마음이 옳지 못하면 그 마음이 사람을 먹어버린다. – 〈법화경〉

● 자신이 만나는 **모든 사람들과 언제나 균형과 조화를 이루며 사는 것이 행복이고 극락**極樂이다.

가족도 마찬가지다. 허물없는 가까운 사이라는 편리한 생각으로 무심코 던진 말 한마디가 가족과 친구에게 깊은 마음의 상처를 남기는 수가 있다. 그 상처가 쌓여서 가정에 불행을 만들기도 한다.

● **나부터 살자**는 생각보다는 **너와 내가 더불어 살자**는 것이 평화

사상이며, 글로벌시대에서 인류가 더불어 살아가는 상생相生의 원리이고 홍익인간 정신이다. 상대가 편안해야 나도 편안하고 내 주변이 편안해야 나도 편안한 것인데, 너 죽고 나 죽자는 생각이 아니고 서로가 상생相生하며 살자는 생각이 인류가 건전하게 존재할 수 있는 이유가 된다.

● **개인 이기주의, 집단 이기주의, 지역 이기주의, 국가 이기주의를 벗어나야 한다.** 이기주의가 불평불만을 야기시키고, 갈등 속에서 테러 집단이 조성되어 인류를 불행하게 만들기도 한다.

● **겉으로는 점잖은 척하면서 야비한 짓을 서슴지 않고 한다거나, 자신의 이익만을 챙기려는 사람을 어질다고 할 수는 없다.**

● **원인 없는 결과는 없다.**

원인을 만들어 가는 과정은 미미할지라도 결과의 차이는 엄청나게 크다. 원인의 씨앗이 행복의 씨앗일 때는 행복을 낳을 것이고, 원인의 씨앗이 불행의 씨앗일 때는 불행을 낳을 것이다.

● **남의 눈에 피눈물 나게 하면, 내 눈에도 피눈물 난다.**

● **봉사 활동**은 주거니 받거니 하면서 자연과 더불어 사는 것이다.

● 부부夫婦는 조건條件을 세우거나, 조건을 내세우며 따져도 안 된다. 부부는 일심동체一心同體이기 때문이다.

남편의 마음이 부인의 마음이고, 부인의 마음이 남편의 마음으로 사는 것이 부부 관계다.

● 상대에게 존경 받고 싶으면, 나부터 상대에게 존경하는 마음으로 처신해야 그 보답으로 존경 받을 수 있다. 남편이나 아내에게 사랑과 존경을 받고 싶으면 먼저 나부터 남편이나 아내에게 사랑과 존경심을 주어야 한다. 그것이 홍익인간 정신이다.

사랑의 힘은 모든 것을 묻혀버리게 한다.

● **종교**宗教는 마음을 닦는 것이고, **미신**迷信은 바라는 마음이다.

● 단순한 밥벌이를 위한 교육은 인간을 황폐하게 만든다.

● **인생은 자신과의 싸움이다.**

언제나 자신이 살아있는 존재라는 의미를 알면서 살아야 한다.

● **인생은 승자**勝者**도 없고, 패자**敗者**도 없다.**

그냥 느끼는 차이가 있을 뿐이다.

● **신선神仙 놀음이 따로 있는 것이 아니다.**

먹고 싶을 때 먹고, 자고 싶을 때 자는 것이 신선놀음이다.

내가 하고 싶은 대로 하는 것이 신선놀음이다. 옛말에 신선놀음에 기둥뿌리 썩는다고 했다. 절제節制 되지 않은 신선놀음은 잘해야 본전 찾는 것이고, 잘못하면 패가망신敗家亡身을 당하거나, 심신을 망칠 수가 있으니 조심조심 또 조심해야 한다.

● **인생은 꿈이 있고 희망이 있어서 아름다운 것이다.**

꿈과 희망이 순수純粹하고 정의正義로우면 즐거움과 행복을 안겨다 준다. 꿈과 희망이 불순不純하고 정의롭지 못할 때는 괴로움과 불행이 따른다. 꿈과 희망이 없는 인생은 무미건조하여 볼품이 없다. 죽음을 앞에 둔 사람도 이루지 못한 꿈과 희망은 마음속에 품고 간다. 사람마다 마음속에 품고 있는 꿈과 희망이 제각기 다르다.

그 꿈과 희망을 키우는 것이 하루하루의 삶이다. 부모는 자식의 꿈과 희망을 키워주지는 못할망정 방해하거나 좌절시켜서는 안 된다. 부모가 자식의 꿈과 희망을 방해하거나 좌절시키는 것은 자식의 삶을 무미건조하게 만드는 것이다.

꿈과 희망을 이룬다는 것은 자신의 삶의 발전을 뜻한다. 삶의 발전은 습관적으로 몸에 밴 적폐積弊를 스스로 청산하고 새롭게 태어나는 마음을 느낄 때 보람 있는 삶으로 발전하게 된다.

2018년 1월1일 필자의 덕담德談

1. 가짜 인생으로 살지 말자.

"나 자신을 속이지 말자 "

돈에 미치고 권력에 미쳐서 가짜 인생으로 살아가는 인간들이 세상을 어지럽게 한다.

자신의 삶을 살면서 살아생전에 지상낙원〈地上樂園-늘 편안하고 즐겁게 살기 좋은 곳〉을 꿈꾸며 살아가는 바보 같은 사람들이 세상을 아름답고 행복하게 만들어 준다.

2. 허수아비 인생으로 살지 말자.

"세상에 탁한 자극에서 벗어날 수 있는 면역성을 키우자"

가짜 뉴스를 만들거나, 가짜 뉴스에 적극적으로 편승하여 혹세무민〈惑世誣民〉하는 허수아비 인간들이 세상을 더럽힌다.

3. 꼭두각시 인생으로 살지 말자.

"인생을 두 번 살 수만 있으면 느긋하게 살 수도 있겠으

나, 한 번 살다가는 인생이기에 바쁘고 보람 있게 살고 싶다.”

각종 시위 때마다 얼굴을 내미는 꼭두각시 인간들이 세상을 초라하게 만든다.

4. 최선을 다하여 인생을 즐기며 살자.

나이〈八旬〉를 먹을 만큼 먹으니 남는 것이라고는 처《妻》와 자식과 친구밖에 없다.

처와 자식은 죽을 때까지 보살펴주니 보약 같은 존재가 아닐 수 없는 것이고, 친구는 더불어 부담 없이 즐기면서 내가 살아 있다는 존재감을 갖게 하여주니 친구 또한 나에게는 보약 같은 존재가 아닐 수 없다.

보약 같은 처와 자식과 친구가 있으니 더 이상 무엇을 바라겠는가?

그 기쁨으로 남은 인생 최선을 다하여 즐기며 살자.

윤리倫理 도덕道德이 무너지면 나라가 망한다

사람은 정신적인 자양분을 섭취함으로써 인생을 슬기롭게 살아갈 수 있는 삶의 지혜智慧를 터득하게 되고, 그로 인해서 사람답게 살 수 있게 된다.

정신이 말라버리면 육체만 움직이는 빈껍데기 인생으로 살게 된다. 육체적인 불구보다는 정신적인 불구가 사회를 혼란스럽게 하기도 하고 각종 범죄를 일으킨다. 사기詐欺, 공갈恐喝, 협박脅迫이나 이기주의利己主義 발상과 불평, 불만, 남을 원망하는 것, 자격지심自激之心, 남에게 혐오감을 느끼게 하는 것, 탐욕, 갈등, 불안, 초조, 긴장, 사치 등등 이 모든 것이 정신적인 자양분이 부족하여 생기는 것들이다.

자신의 발목에 족쇄를 채우는 끼리끼리 문화와 정경政經 유착이나 관민官民 유착은 우리가 참다운 삶을 살기 위해서 버려야 할 문제들이다.

정상적인 정신상태의 나사가 풀려 사리판단을 구별 못하는 지경이 되면 미쳤다고 한다. 의식주 문제로 사람 사는 세상이 온통 미쳐버릴 수가 있다. 권력에 미치고, 돈에 미쳐버리고, 사회가 미치고, 국가가 미쳐버리고, 인간의 조직들이 온통 미쳐버린다면, 더 이상 이 땅에서 발붙이고 살 곳이 없어지고 만다.

잠깐 머물다 가는 것이 인생이기에 올바른 삶의 가치와 의미를 누리기에도 바쁜데, 왜 사람들이 미칠까? 이 모든 것이 사회에 만연된 부패구조와 윤리 도덕이 무너져 삐뚤어진 정신상태가 일으킨 결과다.

권력에 미치고 돈에 미쳐버린 사람들이 부정부패의 세균에 오염되어 이성이 마비된 상태에서 자신만이 살겠다는 이기주의적인 행동이 빚어놓은 결과가 인간사회를 비참하게 만들어가고 있다.

썩을 대로 썩어서 생겨난 바이러스에 전염되어 다 함께 죽기를 바라지는 않을 것이다. 한 마디로 나태하고 썩어버린 정신상태가 비극을 일으킨다. 인간 본연의 어진 마음은 사라지고, **의리 義理 도 없고, 예의 禮意 도 없어지고, 아무도 믿을 수 없는 신용 信用 없는 사회가 되고, 슬기롭게 살아가는 지혜 智慧 마저 없는 세상이 되다보면 미친 세상이 되고 만다.**

오로지 자신의 이해타산利害打算만을 생각하고 사는 세상에서는 국가의 정통성과 인간의 존엄성이 무너져 내리는 비극悲劇이 초래될 것이다. 나라의 지도자들이 권력형 부정으로 자신만을 위한 이기적인 행동을 자행한다면 인간이 기본적으로 갖추어야 할 올바르고義 믿음직信한 생각은 사라지고, 오로지 이해타산利害打算만 따지는 사회풍조를 조성하여 더불어 살아가는 나눔의 정서는 사라지고 살벌殺伐한 경쟁심競爭心만 심어 놓는 꼴이 되어갈 것이다.

사람이 의식주에만 지나치게 집착하다보면 자신도 모르게 타락할 수가 있다. 추잡하게 벌어들인 돈은 넉넉하여도 추醜한 인간이 될 수밖에 없는 것이고, 가난하여 오막살이에 살더라도 마음을 비운 사람은 아름다워지고 행복할 수가 있다.

인간이 우주를 다스리는 만물의 영장 노릇을 하기에 인간사회는 윤리와 도덕을 필요로 하고 그 윤리와 도덕이 건전하게 살아 있을 때 인류가 정상적으로 발전하고 지구에 기생하는 모든 생물로부터 인간은 돋보이는 존재가 되는 것이다.

권력과 돈으로 포장된 최면催眠에서 깨어나지 못한 어리석은 삶의 방편에서 벗어나지 못하면 자신의 삶을 망치는 정신병에 걸리게 되어 있다. 이기적인 생각으로 마비된 이성理性을 되찾는 것만이 올바른 자신을 찾아 사는 것이고, 인간의 존엄성을 스스로 지키는 것이다. 너와 나를 가릴 것 없이 우선 나부터 이기적인 생각에서 자유로울 때 진정으로 자유로운 삶을 사는 것이고, 사람이 사람으로 태어나서 사람답게 사는 길道理이 아닐 수 없다.

2014년 6월4일, **지방 선거에 출마한**(시장, 도지사, 시의원, 구청장, 구의원)**출마자 가운데** 40%**가 전과자기록을 보유한 자들이라고 한다.** 범법자犯法者가 권력에 미쳐 나라 살림을 하겠다는 것이다. 어쩌다가 이 나라가 이 지경이 되었는지 모르겠다. 법을 만들어내는 국회에서 범법자가 국회에 입성한다거나 지방의회에 출마出馬하는 작태를 막지 못하는 이유가 어디에 있는지 궁금하다. 철학哲學교수는 있어도 철학자는 없다고 하던데, 국회의원직은 있어도 의원직을 제대로 수행할 국회의원이 없어서 그럴까? 어차피, 힘(돈, 권력)있는 자가 세상을 이끌어가게 되어 있다. **이기적인 삶의 방편으로 권력權力과 돈財을 추구하는 것은 좋으나, 그것으로 사회를 사악邪惡하게 만들지 않는 새로운 사회구조를 정립할 때가 되었다.**

한국 속담에 '뒷구멍으로 호박씨 깐다'는 말이 있다. 숨어서 하는 지능적인 부정부패가 윤리관을 더욱 마비시킨다. 새 술은 새 부대에 담으라고 했다. 정의正義가 살아 있는 사회를 위해, 새 시대에 맞는 윤리관倫理觀을 세워야 한다. 너나 할 것 없이 모든 국민이 다 함께 환골 탈퇴하는 정신으로 의식意識이 깨어나지 않으면 모두가 허망虛妄한 인생살이를 살아가게 되거나, 자신의 운명대로 살아 갈 수 없다는 사실을 잊어서는 안 된다.

세상에 존재하는 모든 사악한 사건은 올바른 인간성이 고갈되어 생겨난 재앙이다. 우리 모두가 늘 상 생각하고 행동하면서 체질로 굳어진 잘못된 의식구조에서 탈피해야 한다.

나 하나의 생명이 가족과 사회와 국가를 이룬다는 생각으로 선진국 수준의 의식을 갖추고 살아야 한다. 잘못인 줄 알면서 묵인하거나 잘못을 실행하는 의식행위부터 버려야 한다. 그래야만, 모든 사람이 자기다운 삶을 살아가면서 참다운 기쁨과 보람 있는 인생을 즐길 수 있다.

21세기 글로벌global 시대에 지구촌 사람들은 이기주의 보다는 다 함께 더불어 살면서 함께 즐기고 함께 행복한 삶을 살기를 원하고 있다.

개인의 행복과 인류의 행복을 위해서 더불어 살아가는 성격민족성을 키워 나가야 한다.

다 함께 덕목仁, 義, 禮, 智, 信을 발휘하여 인생을 꽃피우고, 지구촌을 아름답게 장식하도록 협조해야 한다.

아무리 각박한 세상이라 할지라도 인생을 의식주衣食住로만 살아갈 수는 없다.

사람은 금수禽獸와 달라서 인간다운 덕성德性으로 삶을 풍요롭고 알차게 꾸려가며 살아갈 줄을 안다.

사람으로 태어나서 인간답게 풍요로운 덕성을 품고 산다는 것은 가장 아름다운 가치가 있는 것이다.

가치가 있을 때 보람이 있는 것이고, 보람이 있을 때 행복을 느끼

는 것이다.

사회에서 출세가도出世街道를 달리는 우두머리들의 볼썽사나운 부정만 없었더라면 국민들의 생활복지가 지금보다는 좀 더 좋아졌을 것이고, 혼란스러운 갈등 속에서 살아가는 사람들의 올바른 인생관人生觀으로 사회적 윤리倫理와 도덕성道德性이 일찍부터 제대로 정립됐을 것이다. 너나 할 것 없이 함부로 지껄이는 말과 저질스러운 행동에서는 인간이 갖추어야할 덕성仁,義,禮,智,信을 찾을 길이 없다.

사회적 윤리와 도덕성이 부재하면 사회 각계각층에 사이코패스*(비정상적인 자)가 난무하게 되어 사회가 더욱 경악스럽고 혼란스러워질 수밖에 없으므로 후진국後進國을 벗어날 수가 없을 뿐만 아니라 나라는 망하고 만다.

덕성德性을 갖추지 못한 사람이나 국가는 왕따를 당하거나 멸망하게 되어 있다.

윤리倫理와 도덕道德이 무너지면 나라가 망한다.

고구려, 신라, 백제, 고려, 조선 등의 모든 국가가 망한 원인은 결국 왕실의 윤리 도덕이 무너진 까닭에 패망한 것이다. 중국의 원, 당, 명, 청이나 지구촌에서 역사가 생긴 이래 오늘날까지 생겼다가 없어진 모

---

* 사이코페스 sychopath : 반사회적 인격 장애 증을 앓고 있는 사람 : 평소에는 정신병질이 내부에 잠재되어 있다가 범행을 통하여서만 밖으로 드러나기 때문에 주변 사람들이 알아차리지 못하는 것이 특징.

든 나라들은 하나같이 왕실과 더불어 국민들의 윤리 도덕이 땅에 떨어져서 사회가 썩을 때로 썩었기 때문에 나라가 망하고 만 것이다.

뿐만 아니라, 독재정권도 마찬가지다. 북한의 최고 지도자는 세습적인 권력을 유지하기 위해서 인간이 지켜야 할 윤리 도덕을 저버리고 가장 잔인한 행동을 보여주고 있기 때문에 자연적으로 망하게 되어 있다.

조선 시대 16세기 말선조25년 1592년 4월에 왜군일본군이 한민족을 우습게 보고 임진왜란을 일으켰다. 한민족에게 골수骨髓에 사무치는 원한을 남긴 사건이었다. 그것은 여러 가지 원인이 있었겠지만, 가장 중요한 것은 선조 임금의 나약한 윤리관이 불러들인 재앙이었다. 나라의 최고 지도자(당시는 임금)가 인격적인 윤리관이 부족하여 백성들이 7년간이나 참혹한 고통을 받아야 했던 불행한 사건이다.

그러나, 나라가 망하기 직전에 덕장德將으로 칭송을 받던 이순신 장군이 있었기에 나라를 누란累卵의 위기에서 구할 수가 있었다. 당시 정치적으로 혼란스러워 나라에 윤리관이 무너진 상태였으나 인격적으로 윤리관을 철저하게 갖춘 이순신 장군의 흔들리지 않는 '용기'와 '지혜'가 백성들의 호응을 받아 전쟁을 승리로 이끌 수가 있었다.

인간은 사회적 동물이다. 사회적 동물이기에 인간이 지켜야 할 윤리 도덕은 인간 생활에서 필수 조건이다. 윤리와 도덕이 무너지면 가정과 사회와 국가 모두가 혼란스러워 인간이 온전하게 살아갈 수 없는 환경이 되고 만다.

다음은 2016년 10월 4일 7시 05분, 필자가 지인으로부터 이메일로 받은 글이다. **올바른 윤리倫理(사람이 사회적 관계에서 지켜야 할 도리)관의 중요성을 강조한 내용이다.**

> 19세기 초, 독일 국민들은 절망 속에서 날로 추락해 갔고, 사회는 이기심이 충만했다. 도덕道德과 정의正義가 실종된 사회가 바로 당시의 독일 사회였다. 1807년 국가의 기강紀綱이 상실된 상태에서 전쟁을 치른 독일은 나폴레옹 군대에 패했다. 이때 한 사람의 지식인이 나타나 '독일 국민에게 고함'이라는 제목으로 피를 토하는 설교를 했다. 철학자 피히테johann fichte, 1762~1814였다.
> **"독일이 왜 패하였는가? 군대가 약해서가 아니다. 패한 것은 독일인 모두가 도덕적으로 추락하고 이기심으로 가득차 있었기 때문이다. 교육을 통해 국가 혼을 길러야 한다. 내일로 미루지 말고 지금 당장 실천하자"**
> 그 후 64년이 지난 1871년, 독일 국민은 프랑스를 점령하고 돌아오는 영웅 몰트케helmuth karl b. vonmoltke,1800~1891원수를 열렬히 환영했다. 이때 과묵한 사상가로 알려진 몰트케는 이렇게 말했다.
> **"독일의 승리는 나와 군인들의 공이 아니다. 초등학교 선생님들의 공이다. 이 모든 영광을 그들에게 돌린다."**

초등학교부터 집중적으로 인성교육人性教育을 실시한 결과로 독일은 선진국이 될 수 있었다.

선진국 지도자들은 무임승차를 가장 부끄럽게 여긴다. 1, 2차 세계 대전을 전후前後하여 **참전 대열에 끼지 못한 무임승차자의 자격을 가지고는 지도자는커녕 어떤 공직에도 갈 수 없었던 것이 그 당시 미국 사회의 도덕성道德性이었다.**

미국의 케네디는 해군에 입대하여 2차 대전에 참전하여 남태평양 전투에서 큰 부상을 입었고, 그로부터 얻은 통증으로 인해 평생 동안 진통제와 각성제로 살았다 한다. 그는 훗날 미국의 제 35대 대통령이 되었다.

트루먼 대통령은 안경이 없으면 장님이나 마찬가지였었다고 한다. 그런데 그는 신체검사에 합격하기 위해 시력 검사표를 달달 외워서 군에 입대 했고, 1차 세계대전에서 포병 대위로 프랑스에서 싸웠다고 한다.

6·25 전쟁 초기에 참전한 24사단장 딘 소장이 물을 찾는 부하에게 물을 떠다 주기 위해 한밤중에 벼랑으로 내려가다가 심한 부상을 당해 결국 포로가 됐다. 86kg의 체중이 2개월 만에 58kg가 되었다.

밴프리트 장군이 6·25 전쟁에 아들을 참전시켰다가 그 아들을 잃었다. 아이젠하워 대통령과 클라크 장군도 한국전에 아들을 보냈다.

워커 장군은 아들과 함께 한국전에 참전했고, 스스로 목숨을 잃었다.

영국이 전쟁을 치르면 전선에서 가장 앞장서는 사람들이 귀족들과 옥스퍼드, 케임브리지 대학 출신들이라 한다. 가장 무거운 군장을 짊어지고 기관총을 향해 가장 앞서 달려가는 사람들이 바로 이들이었다 한다. 1950년대에 차례로 영국 총리를 지낸 애트리, 이든, 맥밀런이 바로 이들이었다 한다. 이들 학우들의 3분의1이 전사했고, 영국 귀족 20%가 전사했다 한다. 귀족과 명문대학 출신의 전사자 비율은 노동자, 농민보다 몇 배씩이나 높았다 한다. 이것이 바로 '노블레스 오블리제'다.

일본 역사가들은 사회지도층의 참전 분위기 측면에서 일본은 미국 및 영국에 비해 상대가 안될 만큼 매우 저조했다는 것을 발견하게 되었고, 2차 대전에서 일본은 패할 수밖에 없는 나라였다고 진단했다 한다.

우리나라 지도부는 가장 치사한 무임승차자들의 소굴이었다. 사람다운 윤리 도덕을 제대로 갖추지 못한 대통령이나 장관, 정치 수뇌, 도지사, 이런 지도자들이 전방을 지키는 나라! 이런 나라는 독일의 스승 피히테의 표현에 의하면 이들은 정의감이 없는 자들이요, 애국심 즉 '국가 혼'이 없는 자들이다.

애국의 혼이 없는 자, 비겁한 자, 부도덕한 자, 이기주의자들인 것이다. 이런 자들이 지도자 자리들을 몽땅 다 차지하고 있는 나라가 과연 선진국先進國이 될 수 있을까?

대한민국 탄생

사람은 자신에게 주어진 권능을 지키는 자만이 자신의 권한을 행사할 수 있다. 한민족은 반만년의 긴 잠에서 깨어나, 무능한 봉건주의 왕권통치인 세습군주국世襲君主國에서 벗어났다.

1948년 8월15일, 만민萬民이 평등하고 주권主權이 국민에게 있는 자유민주주의自由民主主義 체제의 '대한민국'을 탄생시켜 활기찬 생명력을 갖추고 세계로 향한 약진躍進을 거듭하고 있다.

한민족은 일찍이 1400여 년 전 이미 민족 통일을 이루어 통일 국가를 이루었으나, 국가의 지도자와 국민과의 소통부재로 명실상부名實相符 한 진정한 국민 통합을 이루지 못하여 국민들이 자유스러운 삶을 누리지 못했다.

봉건 사회에서 정치적으로나 사회적으로 특권을 가진 지배 계급이 정권을 쥐고 다스리는 국가를 귀족국가라고 한다면, 서기 7세기경 신라가 삼국(고구려, 신라, 백제)을 통일하였으나 국가를 경영하면서 확고부동한 골품제도를 사용함으로써 일종의 귀족 국가의 틀을 벗어나지 못하였고, 고려시대에 와서도 새로운 세력으로 등장한 지방토호土豪·豪族 세력들의 득세로 또한 귀족 국가의 모습에서 벗어나지 못했다. 또한 조선시대 역시 양반세력들이 국가를 우지좌지 하는 행패로 말미암아 귀족국가의 틀을 벗어나지 못했다.

그러나 1400여 년 만인 20세기 중반에 들어서면서 드디어 서기 1945년 8월15일 한반도가 반쪽짜리나마 해방을 맞이하게 되어, 나라가 생긴 이래 처음으로 국민 각자가 자유스럽고 행복한 자신의 삶을 누릴 수 있는 세상을 맞이하게 되었다.

8·15 해방은 일제치하日帝治下의 식민지에서 벗어나는 단순한 해방이 아니었다. 한恨 많은 고난苦難의 역사삶를 청산淸算하는 해방이었다.

길게는 나라를 멍들게 하고 망하게 만든 세습적世襲的인 전제군주專制君主의 봉건시대封建時代를 청산하는 해방이었다.

5000년의 길고도 긴 세월동안 시시때때로 주변국들에게 시달리면

서 원한怨恨맺히고 압박壓迫받던 설움에서의 해방이며, 속국屬國의 환경에서 벗어나는 해방이었다.

짧게는 한민족이 왜倭寇에게 주권主權을 빼앗겨, 나라 없이 36년간을 살아 온 굴욕적인 삶을 청산하고, 새 역사를 창조하는 희망찬 해방이었다.

잔악殘惡한 일본의 군벌軍閥들이 한민족의 민족혼民族魂을 말살抹殺시킬 목적으로 이름도 성姓도 일본말로 바꿨다. 자작농自作農이나 소작농小作農으로 농사짓고 살던 경작지를 빼앗긴 농민들이 살기 위해서 어쩔 수 없이 정든 고향을 떠나 황무지로 버려진 땅, 만주 간도벌판으로 이주하여 살기도 했다. **왜놈들은 기름진 땅 한반도를 자신들을 위한 식량보급창으로 생각했다. 한민족의 일반 민중民衆을 영원히 노동력을 제공하는 종奴隸으로 부려먹겠다는 간악奸惡한 일본의 계략計略에서 벗어나는 해방이었다.**

해방과 동시에 반만년동안 잠재워 두었던 한얼정신을 일깨워주는 한민족의 민족해방이기도 했다. 거룩하게 맞이했던 해방은, 친일파를 제외한 온 국민이 피눈물 나는 독립운동을 전개하면서 투쟁했던 보람도 없이 자주적인 독립自主獨立으로 이룬 것이 못되었다. 결과는 열강列强들의 힘의 분쟁에 의하여 공짜로 얻는 해방이 되었다. 일본군이 연합군에 의하여 패망敗亡하면서 본국日本으로 철수하자 자연발생적으로 얻게 된 해방이었다.

한민족이 눈물겹도록 염원念願하던 해방이었으나, 미국의 제국주의帝國主義적인 권위와 소련의 팽창주의적인 힘의 논리로 선물 받은 해방이었다. 온 백성들이 해방의 즐거움을 제대로 즐기기도 전에 한반도가 졸지에 남북으로 갈라지는 새로운 슬픈 생명이 탄생되고 말았다. 38선이라는 허리띠로 한반도의 중심부를 단단히 졸라매놓고, 남쪽에는 미국산 우산을 펼쳐들고 이승만 정권이 살림을 차리고, 북쪽에서는 소련산 우산을 펼쳐놓고 김일성 정권이 살림살이를 차렸다.

자주적自主的이고 자립적自立的으로 쟁취爭取한 해방이 아니기 때문에 스스로 살림살이를 꾸려나갈 능력이 부족하다면서 미국과 소련이 각각 신탁통치信託統治를 하겠다고 엄포를 놓았다. 일본의 식민지로 36년간 나라를 빼앗겨 뼈에 사무치도록 원한이 쌓인 한민족이었다. 놀란 가슴에 단말마적인 함성으로 신탁통치를 반대하였으나 힘없는 백성들의 메아리로 끝나버리고 말았다, 그리하여 목구멍이 포도청이라 미국과 소련의 잔소리를 들어가며 눈물 섞인 밥술을 떠야 하는 모습으로 또다시 반신불수가 되어 민족분단의 고통을 짊어지게 되었다.

민족분단民族分斷이 단순한 세력勢力다툼이나 권력權力을 쟁취爭取하기 위해서 생겨난 것이 아니라, 이념理念이 다른 자유민주주의 이데올로기와 공산주의 이데올로기의 사상적개념으로 이루어진 분단이기 때문에 힘없는 약소국弱小國의 설움을 또다시 받게 된 것이다. 순박한 한민족이 졸지에 준비되지 않은 사상이념에 휘말리게 되었다.

얼떨떨한 상태에서 정신을 못 차리고 방황하는 사이, 점진적漸進的으로 정치사상政治思想으로 굳어져 갔다. 사상에 익숙하지 못한 백성들이 색깔론에 편승하여 자기 색깔과 다르면 모두가 적敵이라는 도깨비 같은 사상이념에 눈이 멀어 부모형제도 버리고 죽이는 참담한 현실이 발생 되었다.

해방이 되어 신바람 나게 받아 놓은 기쁨의 밥상이, 부모형제와 자식이 죽어가는 제사상으로 바뀌는 현실에 백성들은 경악을 금치 못하고 비현실적인 해방에 치를 떨었다. 자유민주주의와 공산주의라는 이질적異質的인 정치사상이 거대한 양대兩大축으로 뿌리를 내리니, 힘없는 약소국弱小國으로서는 속수무책束手無策으로 입맛에 맞는 대로 따라갈 수밖에 없는 운명이 된 것이다.

내가 태어난 내 땅, 내 고향에서, 내 나라에서, 내 주관대로 사랑하는 부모형제와 더불어 행복하게 사는 것이 사람으로 태어난 보람일 터인데, 어째서 한민족에게 이런 수난受難의 고통을 당하게 만드는지 참으로 한탄하고 통곡할 일이었다. 한민족이 반만년의 세월역사을 보내면서 갈고 닦으며 즐기던 한민족의 문화文化가, 결코 중국문화에 뒤떨어지지 않았고, 일본문화보다 항상 앞서 왔다. 그런데 왜 그들에게 시달려

야만 했는가?

본능적으로 오덕五德 - 仁, 義, 禮, 智, 信을 지니고 있는 어질고 유순한 백성으로서 자유와 평화를 사랑하는 민족으로 그것에 걸맞는 문화의 꽃을 피워온 것이 사실이다. 그러나 국력國力-경제력, 국방력을 키우는 일에는 소홀하였기 때문에 허술한 틈새를 노린 성질 고약한 인간들이 집적거리며 침략을 일삼아 왔던 것이다.

재능이 많고 영리한 사람일지라도 체격이 너무나 왜소矮小하다 보면 더러는 건방진 인간들이 무시하고 공연히 집적거리며 괴롭히는 수가 있다. 그러나 주관主觀이 또렷하고 건장國力한 체격이라면 감히 건드릴 생각을 못했을 것이다. 경제력과 국방력이 약하다 보니 한민족을 우습게보고 넘보게 된 것이다.

일찍이 4세기 경, 고구려 광개토대왕은 당시에 새로운 맹주였던 후연을 비롯해서, 신진세력인 백제와, 신라, 부여, 거란, 말갈, 왜일본 등 많은 나라와 숱한 전쟁을 치르면서 혼란한 국제정세를 평정하고 국제사회에서 고구려의 위상位相을 드높인 적이 있었다.

그렇게 당당했던 민족이 국력을 키우지 못한 가장 큰 이유가 있다. 세습적世襲的인 군주 왕권통치에서 무능한 임금이었거나 나이 어린 임금을 허수아비로 만들어 놓고, 실권을 잡은 정권의 기득권자들이 민생이나 국력을 키우기보다는 자신들의 권익만을 위해서 좌지우지하며 즐기는 동안에 나라의 기둥뿌리가 썩어버린 것이다.

일부 세도가勢道家들이 소위 가문家門 정치로 권력을 독과점獨寡占하다시피 했다. 비위脾胃에 거스르거나 바른 말을 하는 소신파所信派들이나, 상대하기 싫은 반대파들을 배척排斥하고, 권력을 독점하여 자신들 멋대로 패거리정치를 구사하였다. 그러므로 나라의 기강紀綱은 무너지고, 정권은 썩을 대로 썩어버려 회생 불가능할 지경에까지 이르게 된 것이다.

실권자들의 입맛에 맞도록 변질시켜버린 유교정치로 계급사회를 조성하여 양반출신이 아니면 과거시험을 볼 수 없게 만들어 놓았다. 일반 백성들에게는 출세出世의 등용문登龍門을 봉쇄封鎖시켜 놓았다. 천민賤民-상놈으로 태어나면 평생을 양반들의 종머슴살이를 하거나 천박淺薄한 생활에서 벗어나지를 못했다. 공부를 하고 싶어도 마음대로 하지 못하는 나라에서 부국강병富國强兵을 바란다는 것은 썩은 나무에서 좋은 열매가 열리기를 바라는 것처럼 어불성설語不成說이었다.

낡고 썩어빠진 유림儒林정치로 죽지 못해서 살아가는 백성들에게 발등에 떨어진 민생 문제를 해결하여주기보다는, 기껏해야 충효忠孝사상이나 내세워 숨통을 조이고 가슴을 저리게 만들었다. 오로지 세도가勢道家들만의 천국으로 변해버린 나라의 운명運命에 석양빛이 드리운다는 것은 당연한 사필귀정事必歸正인 것이다. 양반계급兩班階級을 제외한 대다수 국민들은 문맹文盲하여 세상물정도 모르고 오로지 삶의 본능적인 충동으로만 살았다.

일본에게 36년간 나라마저 빼앗긴 상태에서, 싸워서 찾은 것도 아니고 갑자기 하늘에서 떨어지듯 뜻밖에 해방을 맞이하게 되었다. 사상이념思想理念으로 나라가 둘로 갈라진다는 것이 이해가 되지 않았고 생소할 수밖에 없었던 것이 당연했다.

이제 한민족은 전제군주국專制君主國을 청산하고, 자유민주주의 대한민국을 건립하여, 반만년 고난의 역사를 거울삼아 진정한 해방이 무엇인지 깨달았다. 나라의 해방은 나의 해방이요, 나의 해방은 내가 마음 놓고 자유와 평화를 누릴 수 있는 해방이다. 마음의 자유를 얻었고, 몸의 자유를 얻었다. 자유가 무엇인지, 자유의 맛을 알게 되었다. 그렇다. 참 나를 찾아, 나를 개발하여 나의 창의적創意的인 삶을 살아갈 시대가 온 것이다. 나의 삶을 내 의지대로 가꾸며, 나의 삶을 더욱 풍요롭고 알차게 살아가면서 행복을 알게 되고, 사람으로 태어난 보람을 느끼게 하였다.

새 집을 짓고 이사하여 새 살림을 차릴 때는, 새로운 살림에 효용가치效用價値가 없는 것은 과감하게 폐기처분廢棄處分하여 홀가분한 마음으로 새로운 인생을 즐기려는 것이 사람의 본능이다.

5천년의 긴 세월을 살아오면서 고리타분하고 건설적이지 못한 생활습관과 새 시대에 맞지 않는 이념理念이나 사상思想 따위는 과감하게 폐기처분해야 한다.

새 시대의 새 역사를 창조해 나갈 새로운 습관에 길들일 시대가 온 것이다. 버릴 것은 미련 없이 버리고, 취할 것은 망설이지 말고 받아들여야 한다.

반만년에 걸친 모든 치욕恥辱을 털어버리고, 퇴색해버린 사상이나 이념도 버리고, 나쁜 버릇이나 습관도 과감하게 버리고, 내 삶의 자유를 구속하는 정치도 정권도 용감하게 버리고, 21세기 글로벌시대를 맞이하여 새 술은 새 포대包袋에 담는다는 마음으로 새 역사를 창조해 나갈 때이다.

양반 상놈도 없어졌고, 귀족 평민이 따로 없고, 남녀칠세부동석男女七歲不同席이나 여자의 칠거지악七去之惡도 없어졌다. 남녀의 인권人權이 평등平等하여져, 남존여비男尊女卑 사상이 없어졌다. 가부장적家父長的인 권위의식權威意識도 사라졌다. 남의 나라의 눈치나 보는 속국屬國의 환경에서 벗어나고, 기회주의적인 사고방식의 근성根性도 버리고, 자립자존自立自存의 나라를 세웠다.

찾은 것은 한얼사상의 홍익인간 정신이고, 잃은 것은 국토 분단分斷이다. **이제야말로, 한민족의 뿌리인 한얼사상으로 갈라진 민족통일을 이룩하여 명실상부한 진정한 민족해방을 맞이하도록 온 민족이 혼신渾身의 힘을 쏟아야 할 때이다.**

1945년 8월15일은 한민족(대한민국 국민)의 운명運命을 바꿔 놓는 해방의 날이었다. 이제 한민족(대한민국)은 나라가 생긴 5천년의 역사 중에서 구김살 없는 자유와 행복을 가장 풍요롭게 누리며 살고 있다.

앞으로 남북통일이 되는 날, 다른 국가로부터 업신여김을 당하는 꼴은 없어질 것이다. 자립자존自立自存이 된 한민족은 막힘없는 행복을 누릴 것이다.

한민족은 창의력이 뛰어난 민족이다

한민족은 춘화현상* 春化現象- vemalization 으로 창의력 創意力 이 뛰어난 민족이다. 봄에 피는 꽃 중에 혹한 酷寒 의 겨울이 없는 나라에서는 꽃을 피우지 못하는 식물이 있다. 맑은 공기와 좋은 햇볕 덕에 가지와 잎은 무성하지만, 꽃은 피지 않는다. 그런가 하면 봄에 파종하는 봄보리에

---

* 춘화현상 春化現象 – vemalization : 추운 겨울을 거쳐야만 꽃이 피는 것이라 하는데 튤립, 히아신스, 백합, 라일락, 철쭉, 진달래 등이 모두 여기에 속한다.

비해 가을에 파종하여 겨울을 나는 가을보리의 수확이 훨씬 더 많을 뿐만 아니라 맛도 좋다.

인생은 춘화현상과 같다. 눈부신 인생의 꽃들은 혹한을 거친 뒤에야 피는 법이다. 인생의 열매는 마치 가을보리와 같아, 겨울을 거치면서 더욱 풍성하고 견고해진다. 마찬가지로 고난을 많이 헤쳐 나온 사람일수록 강인함과 향기로운 맛이 더욱 깊은 것이다.

한민족은 반만년 동안 국민들이 단 한 번도 자주적인 삶을 살아보지를 못하고 군주왕권君主王權의 억압 받는 삶을 살아 왔다. 국민의 자질資質을 억압하는 나라에서 창의력을 발휘할 수 없었다. 이에, 개인의 자유를 최대한으로 보장하는 자유민주주의 국가 대한민국이 탄생되어 잠재潛在되어 있던 한민족의 창의력이 살아나 국민 개개인의 삶이 풍요로워지고, 더불어 국가 발전을 가져오게 되었다.

가난하여 원조를 받고 살던 나라가 개국 반세기(50년)만에 원조를 주는 나라로 변신하여, 세계 10대 경제대국으로 떠오르는 별이 되어 약진에 약진을 거듭하고 있다. 세습世襲이 아닌 자유선거에 의해서 여성을 대통령으로 선출하기도하는 남녀평등男女平等의 나라 '대한민국'의 국민들 각계각층이 세계무대에서 인류 공동의 번영을 위해서 최선을 다하며 활동하고 있다. 연예인들은 세계 방방곡곡坊坊曲曲을 누비고 다

니며 K-POP의 열풍으로 한민족의 주특기主特技인 '신바람'을 일으키면서 한류 붐으로 국위를 선양하고 있다.

세계인들의 화합과 단합을 이루고 건강을 도모하는 국제 올림픽을 개최하기도 하고, 지구촌 사람들을 떠들썩하게 흥분시키는 월드컵경기도 개최하면서, 세계만방世界萬邦에 '대한민국'의 위상을 알렸다. 또한 아시안 게임을 비롯한 세계적인 동계올림픽을 개최하는 강국으로 부상하였다.

대한의 젊은이들이 힘찬 기량을 발휘하여 한얼사상의 씨알인 홍익인간 정신을 세계 곳곳에 심어주어 인류의 평화와 자유의 꽃이 활짝 만개滿開 되도록 실천하고 있다는 사실을 생각만 하여도 즐거운 일이 아닐 수 없다.

홍익인간 정신을 지구촌 구석구석에 펼칠 수 있는 유엔 사무총장(반기문)도 배출했다. 지구촌의 안전과 평화를 직접적으로 도모할 수 있는 유엔의 안보리 이사국이 되어 인류의 복지를 위한 활동을 열심히 하고 있다. 세계은행 총재김용가 배출되고, 열악한 생활환경과 굶주림에서 허덕이는 개발도상국開發途上國 영세민零細民들을 도와주는 구제사업救濟事業을 비롯한 수많은 봉사단체에서 다양한 방법으로 홍익인간 정신을 실천하고 있다.

자기 자신보다는 남을 이롭게 한다는 것은 참으로 아름답고 훌륭한 마음의 소산所産이다. 사람이 베풀고 살다보면, 자신이 베푼 것만큼은 어떠한 방법으로든 반드시 되돌려 받는 것이 세상의 이치다. 먼저 남을 위해 베풀고, 그것을 되돌려 받는 인생살이가 사람이 살아가는 사람다운 삶이라고 할 수 있으니, 남에게 먼저 베풀고자 하는 홍익인간 정신으로 살아가는 한민족이 어찌 위대하지 않다고 할 수 있겠는가!

남을 돕는 일은 마음이 부자인 사람만이 할 수 있다. 마음이 부자인 사람은 자신의 형편이 여의치 않더라도 불안해하거나 고통스러워하지 않는다. 재물이란 밖으로부터 주어지는 것이지만 마음이 부자이거나 가난한 것은 안으로부터 우러나오는 성품에서 주어지는 것이다. 그러므로 한민족은 비록 천연자원이 부족하여 물질적 부富의 혜택은 부족하다고 할지라도, 홍익인간이란 훌륭한 이념을 생명처럼 간직하고 살아가고 있으니 마음이 부자인 민족임이 분명하다.

마음이 부자인 사람은 남의 허물을 탓하지 않고 오히려 자신을 수양하는 거울로 삼으며, 함부로 말하지 않고 함부로 행동하지 않는다. 또한 형편에 맞지 않는 부당한 욕심을 마음에 두지 않기 때문에 언제나 괴로움으로 번민하지 않는다.

아무리 좋은 음식이 있을지라도 과다하게 포식하지 않으며, 의복을 마련하되 화려하고 호사스러운 것은 피하며, 집을 장만하되 지나치게 넓은 공간을 택하지 않는다. 재물을 취득하되 지나친 욕심을 부리지 않으며, 벼슬을 하되 사리사욕私利私慾에 얽매이지 않는다.

마음이 부자인 사람은 비록 넉넉한 재물을 갖고 있지 못하더라도 자신이 소유하고 있는 재물의 한도 내에서 갖지 못한 사람에게 나누어 주기를 즐거워하며, 자신이 배운 것을 배우지 못한 사람에게 가르쳐 주기를 즐거워한다.

한민족은 원래가 도움을 받기 이전에 남에게 베푸는 것을 덕으로 알고 살아가는 민족이다. 언제나 겸손하고 예의가 바르며 밝은 도덕을 목숨처럼 소중히 여기는 윤리관을 갖춘 민족이다. 그래서 한민족은 큰 마음을 가진 민족이다.

단군왕검께서 큰마음으로 나라를 세우신 후 중화中華권에서 수隋, 당唐, 명明, 청淸, 거란契丹, 몽고蒙古, 여진女眞등과 같이 중국대륙의 주인 노릇을 하던 나라들과 남쪽 해안으로부터 왜구倭寇의 침략을 받은 것이 무려 1000여 회나 되고, 국가적인 커다란 위기만도 400회나 된다. 결국 평균적으로 4년마다 외침에 시달려야 했으며, 40년마다 국가의 존망存亡이 달린 전면전全面戰의 시련試鍊을 겪으면서도 4000여 년의 세월 동안 나라를 지킨 민족이다.

한민족은 참으로 지혜롭고, 용기가 있으며, 강한 민족이다. 일본이

대한제국大韓帝國을 찬탈하고 한반도에서 36년간 실질적인 주인 노릇을 할 때, 한민족은 치욕적인 원한의 마음을 달래기 위하여, 밖으로는 민족이 당면한 어눌語訥한 정서로써 해학諧謔과 풍자諷刺가 담긴 이난영의 '목포의 눈물'이나 '오빠는 풍각쟁이'와 같은 노래로 위안을 삼고 살면서도, 마음속으로는 4200년 동안 숨겨두었던 한민족의 잠재력을 일깨워, 마침내 군주의 나라가 아닌 국민의 나라로서 무궁무진하게 발전하는 대한민국을 탄생시켰다. 민족의 주체인 민족성이 살아 움직여 나라의 자주권自主權이 생명력을 갖게 된 것이다.

한민족이 진정한 자기모습을 찾아 살아있는 생명력으로 현실을 재창조하여 활력 있는 역사를 창출하게 되었다. 한민족의 고유한 홍익인간의 한얼사상民族魂이 민족을 새로운 역사 속으로 발전시키는 원동력이 된 것이다.

한민족은 1등 국민, 1등 국가의 자질資質을 갖춘 민족이다.

유혈 혁명流血革命
– 이승만 정권이 무너진 이유

정치권에서 권력을 사용하는 무리들이 국민의 기본적인 인권을 속박하면서 독재獨裁정치를 구사 했으니 어질지仁 못했고, 권력을 이용하여 부정축재不正蓄財를 하였으니 의롭지義 못했다.

인人의 장막帳幕으로 울타리를 둘러치고 정권을 잡은 극소수의 인간들끼리 북 치고 장구 치면서 패거리 정치를 하였으니 예의도 없고 염치도 없었다. 민생과 나라를 위한 정치철학도 없었다. 오로지 저희들만이 살아생전에 잘 먹고 잘살기 위해서 눈 가리고 아웅 하는 식으로 국민을 속이고, 권력을 남용하면서 정권의 기득권을 유지하기 위한 온갖 부정을 감행敢行하였으니, 국민들로부터 신임信任을 얻지 못했다.

상기와 같이 오상仁,義,禮,智,信을 갖추지 못한 사람들의 정권이었기 때문에 대한민국의 초대 대통령 이승만 정권이 집권 도중에 4·19 혁명으로 무너진 이유가 되는 것이다.

4·19 **혁명의 특징은 유혈혁명이다. 대한민국 청년 학생들이 뜨거운 피를 흘리며 목숨 바쳐 민족의 정기**精氣**를 세운 혁명이었다.**

한민족의 정기精氣를 받은 대한민국 젊은이들이 나라가 생긴 이후 외세外勢(한반도를 둘러싼 주변국에 주눅이 들어 살아온 침체沈滯)에서 환골탈태換骨奪胎하여 민족정기를 바로 세우기 위해서 분연憤然히 일어선 것이다. 4·19는 **권력을 행사하면서 하지 못할 일이 없었던 부패한 독재정권을 타도**打倒**하고, 나라에 새로운 기강**紀綱**을 세운 국민혁명이었다.**

한민족의 단국왕검檀君王儉**께서 나라를 세우신 이후** 4293**년만에 처음으로 성공한 주권재민**主權在民**의 민주혁명**民主革命**이었다. 국민의 참다운 권리와 자유를 찾게 되는 최초의 자유혁명이었다.**

구태의연舊態依然한 봉건주의 사고에서 벗어나지 못한 무리들을 대한민국에서 쓸어내기 위한 혁명이었다. 4·19 혁명은 대한민국이 명실상부한 자유민주주의 국가라는 것을 세계만방에 선언한 혁명이었다.

사람은 누구나 합리적인 사고방식을 원하듯이, 행복한 삶을 살기 위해서 합리적인 정부를 원한다. 대한민국은 자유선거에 의해서 국민의 투표로 정치 지도자(대통령)를 선출하는 합리적인 정부다. 대통령직은 국민을 위하여 봉사하라는 자리이며 나라를 책임지고 파수꾼 노릇을 하라는 국민의 지엄한 지상명령을 받드는 자리다. 국민투표로 선출된 나라의 최고지도자(대통령)라 하더라도 국민의 안위를 돌보지 않고 부정으로 사리사욕을 취한다거나 독재정치獨裁政治를 구사할 때는 임기任期 중이라도 가차 없이 갈아치우는 것이 자유민주주의 정치의 특징이다.

그리하여 한반도의 유일무이唯一無二한 합헌정부였던 대한민국의 초대 이승만 정권이 하지 못할 일이 없는 권력으로 국민을 기만하는 부패한 독재정권으로 자리를 잡아가자 격분한 국민들이 혁명을 일으켜 역사상 처음으로 비민주적非民主的인 정권을 타도打倒했다. 대통령은 해외로 쫓겨나고 기득권旣得權자들 모두가 심판을 받고 임기 도중에 목숨까지 버려야 했다.

명실상부한 자유민주주의를 표방하는 대한민국 국민들은 독재 정권을 거부하고 자유민주주의를 지켜냄으로써 정치적으로 지극히 자유스러운 삶을 누리고 있다.

당시 자유당 정권은 철저한 권모술수權謀術數를 잘 쓰는 아부꾼들로 구성되었다. 대통령이 방귀만 뀌어도 "각하, 시원하시겠습니다!"라고 아첨을 떨어대는 아부꾼들의 집단이 되었다. 아부꾼들은 자기들만이

영구히 살아갈 방편으로, 그들의 무리들로 하여금 스스로 두꺼운 장벽을 쌓아, 양심적이고, 똑똑하고, 바른말 잘 하는 사람은 근접을 못하게 하였다.

당시에는 어린아이가 죽어도 빽하며 소리를 지르고 죽는다는 형편이었다. 그만큼 자신들의 뒤를 돌봐줄 빽(사람)이 있어야 잘살고 출세出世도 할 수 있다는 의미였을 것이다. 그리하여 그들이 하는 일은, 모두가 말과 행동이 다르고 천박한 데가 있어서 눈 뜨고 볼 수 없는 꼴이 되었고, 점차적으로 국민들로부터 따가운 눈총을 받게 되었다.

정권에서 쫓겨나지 않으려고 정권 연장에 혈안이 되어 수단과 방법을 가리지 않고, 철저하게 국민들을 속여가며 더욱 탄압했다. 각종 선거에서 기상천외奇想天外한 방법으로 부정不正을 획책劃策하면서 안개정국으로 사회상社會相을 온통 탁한 공해로 오염시켰다. 정신이 올바른 사람들은 도저히 살 수가 없을 정도로 삶의 희망도 없고, 보람도 없는 그런 나라의 꼴이 되어가고 있었다.

항해航海 하던 배가 암초暗礁 에 걸리면 파손이 된다. **"못살겠다, 갈아보자"**는 분노에 찬 국민들의 강력한 저항에 부딪쳐, 결국은 무소불위無所不爲 로 휘둘러대던 권력을 스스로 내려놓지 않으면 안 될 처지가 되었다.

정치를 바꾸고, 나라를 병들게 만드는 모든 적폐積幣를 청산하고, 국가의 기강紀綱을 바르게 세우기 위하여 젊은 학생들이 목숨을 버려가면서 독재정권을 타도한 것이 4·19 **혁명이다.**

무혈 혁명無血革命
- 2016년 10월 29일 촛불혁명

“왜 대한민국 정치는 후진국을 벗어나지 못하나?”

여당與黨과 야당野黨이 서로 간에 이해理解하고 협조協助하기보다는 지나친 견제牽制와 반목反目으로 국회가 유치한 싸움만 함으로 후진국을 벗어나지 못하고 있다. 보수 진보, 주류 비주류, 네 편 내 편 편가르기 정치를 청산해야 한다. 끼리끼리 하는 패거리 정치가 나라를 망친다.

나라가 남북한 두 쪽으로 갈라져 있는 것도 한이 되는데 나라의 지도자가 편가르기 정치를 한대서야 되겠는가. 편가르기가 나라의 기본적인 조직 기반을 무너뜨려 나라꼴을 엉망진창으로 만들어버린다. 부정부패不正腐敗와 정경유착政經癒着으로 나라의 근본이 무너져내리면, 양심良心과 정의正義가 사라지고, 믿음마저 사라지게 됨으로 나라의 정통성正統性을 지킬 수 없게 된다.

이제 대한민국은 선진국의 문턱에 와 있다. 여야與野가 반대를 위한 반대만 일삼고, 상대당의 약점만 들춰내어 공격하는 비열한 방법을 버리고, 소통의 원칙을 가지고 합리적인 합의점을 찾아 처리하는 성숙된 국회가 선진국으로 가는 정치의 모습이라는 것을 명심해야 한다.

자신의 구린내는 냄새가 아니고, 남의 구린내만 고약한 냄새라고 우격다짐하는 개혁대상이 개혁을 하겠다는 것이 우리의 정치 현실이다. 정치가 국민을 보살펴야 함에도 불구하고 국민이 정치를 걱정한다면 그것은 국민의 정치 수준이 정치인 수준보다 높다고 인정하지 않을 수 없다. 정치 수준이 국민의 눈높이에 미치지 못할 때는 국민이 고달픈 삶을 살게 된다.

후진성을 벗어나지 못한 사회 지도자들의 일거수일투족一擧手一投足에 환멸을 느낀 국민들이 겪어내는 스트레스가 심각할 때는 자유민주주의 대한민국 국민은 나라의 기강을 바로잡으려는 일에 익숙해져 있다. 그것이 일종에 촛불 시위같은 개혁改革의 바람이다.

직접선거에 의해서 국민의 손으로 직접 뽑은 대통령이라 하더라도 지극히 합리적인 통치 행위가 아닐 때는 과감하게 대통령직에서 파면시키는 잠재력을 가진 국민이 대한민국 국민이다.

범법 경력자나 반사회적 경력자들의 정치권 진입을 원칙적으로 차단해야 한다. 사기꾼이나 시정잡배들이 의회議會에 들어오는 것을 제도적으로 차단시켜야 한다. 아전인수我田引水격으로 이전투구泥田鬪狗나 하는 국회나 정치인이 스스로 자정姿情능력을 상실할 때는 국민이 나서서 개혁改革을 촉구促求할 수밖에 없다.

촛불은 그늘진 어두운 곳을 밝히는데 근본 목적이 있다. 촛불시위는 그늘진 사회를 밝게 만들어보자는 뜻이 담겨져 있다. 부정부패를 척결하여 밝은 사회를 구현하자는 뜻이기도 하고, 오랜 관습으로 여겨지던 옳지 못한 적폐積弊를 청산하여 정의사회正義社會를 만들자는 뜻을 표현하는 행위이기도 하다.

한마디로 곪아터지기 직전인 사회의 모든 악惡의 뿌리를 제거하여, 건강하고 밝은 사회를 만들어보자는 염원인 것이다. 한 번 살다가는 인생살이를 참다운 민주주의 나라에서 사람다운 삶을 살아보자는 인간의 본능적인 몸부림인 것이다.

깨어있는 국민만이 세상을 바꾼다고 했다.

역사의 큰 수레바퀴는 절대다수의 착한 사람들이 염원하는 쪽으로 굴러가게 되어 있다. 세계의 역사는 그렇게 진화하고 발전하여 왔다.

촛불 집회는 우리의 미래를 위한 창의적創意的인 활동이면서 더 큰 민주주의를 위한 촛불이 되어 새 정치를 구현俱現하는 세상을 만들어 보자는 뜻이 담긴 염원인 것이다.

국민은 **잠자는 정치가 아니라 깨어있는 정치**를 원한다. **양심良心을 지키는 정치, 정의正義가 살아있는 정치, 믿음信을 주는 정치**를 원한다. 국민은 '편안하게 잘살 수 있는 나라'를 원한다.

국민은 직접선거로 선출된 대통령을 믿고 의지할 수밖에 없다. 대통령 후보자의 자격으로 유세장에서 유권자들에게 지지하여 줄 것을 호소하면서 국민을 상대로 공약公約한 내용을 믿고 따를 수밖에 없다.

그는 **"대통령에 당선되면 국민 대통합을 이루겠습니다"**라고 공약을 했다. **그러나, 대통령에 당선된 후 '친박', '진박'이라는 패거리 정치를 구사하여 공조직이 무력화 되고, 정당의 균형과 조화가 무너지고, 여당은 분열되고, 국회는 허수아비 의회나 다름없이 되어 산적한 민생을 제대로 처리하지 못하는 식물국회가 되었다.**

정당의 기능을 모르면서 시대에 뒤떨어진 친박, 진박이라는 패거리 정치를 구사한 업보業報가 자신을 망치고 나라를 멍들게 만든 것이다. 패거리가 아닌 진정한 정책정당으로 민주적인 공론公論에 의해서 매사를 처리하였더라면 탄핵彈劾은 받지 않았을 것이다.

K-pop(**케이팝**), IT**는 세계 1등인데 왜 정치는 후진국을 벗어나지 못하는지 참으로 안타까운 일이다.** 대한민국 정치의 효시嚆矢였던 자유당 정권의 몰락과 더불어 장면, 윤보선 시대의 신파新派, 구파舊派를 시작으로 상도동계, 동교동계, 재벌당, 친박, 진박, 착한사람, 나쁜사람으로 이어져온 것이 정치적으로 후진국을 벗어나지 못한 가장 큰 이유 중의 하나다.

시민을 위하고, 국민을 위하는 공화국이 아니고, 재벌을 위하는 재벌공화국이 되어 빈부貧富격차가 심각하게 벌어지고, 국민 계층 간에 갈등葛藤의 골은 더욱 깊어지고, 심지어 어느 부처의 고급 공무원은 국민 바라보기를 개나 돼지 쯤으로 생각하는 지경이 되었다.

대통령이 국가와 국민을 위하여 봉사한다는 마음[정신]이 아니고 국민 위에 군림君臨하여 왕권통치의 황제처럼 입맛대로 국정을 펼쳐가며 국정國政을 농단壟斷하는 모습에 그를 대통령으로 뽑아준 국민들은 배신감으로 실망한 나머지 분기탱천憤氣撑天(분한 마음이 하늘을 찌를 듯이 북받쳐올라)하여 대통령이 하야下野할 것을 요구했다.

공적公的 관계가 아닌 자연인自然人의 사적私的 관계로 지내야 할 사람을 정치권에 끌어들여 예민한 정치문제를 주거니 받거니 하면서 국정을 농단하여 공조직公組織을 무력화無力化시키고, 소위 문고리 3인방, 4인방 하면서 마치 소꿉장난 같은 정치판을 만들어가는 현실에 국민들은 가슴을 치며 분개했다.

어떻게 보면, 자유선거로 당선된 한 국가의 대통령이 한 기업체에서 봉급을 받는 바지 사장처럼 느껴졌다. 그래서 생긴 말들이 권력 1순위, 2순위는 따로 있고, 대통령은 권력 순위가 3번째라는 말이 공공연하게 나돌 지경이 되었다.

40년지기라고 해서, 권력 1순위로 끌어들인 그 사람을 주축으로 하는 체육재단 설립에 나라의 최고 권력자인 대통령이 재벌 총수들과 독대하면서 협조할 것을 부탁하여 그와 경제 공동체라는 새삼스러운 말이 생겨나기도 했다. 그래서 혹자는 "피보다 진한 물이 있다"고 했다. 과거 권위주의 정권에서 사용하던 수법에 국민은 치를 떨었다. 대통령이 재벌 총수들과 독대하여 일을 꾸미는 후진국의 전형적인 모습에 국민들은 분노했다.

국민들은 구린내 나는 과거 관습에서 벗어나기를 원하는데 대통령은 천연덕스럽게 구태의연舊態依然한 과거 관습에서 벗어나지 못한 통치 행위를 하여 대다수 국민들을 실망시켰다. 국민들은 생각했다. **"우리는 속았다. 이게 나라냐? 우리가 왜? 국가의 기본을 무너뜨리고 거짓말 하는 대통령을 뽑았나!"** 꾀로 거짓말하여 남을 속이는 것을 사기詐欺라고 한다면 우리가 뽑은 대통령이 사기꾼이 되고 있다.

국민과 소통할 줄도 모르고 공과 사를 구별 못하여 국정을 농단하면서 거짓말이나 하는 무능한 지도자에게 배신감을 느낀 국민들이 **"이대로는 국가가 운영될 수 없다"**는 하나의 공감대가 형성되어 국민들이 더 이상 보고만 있을 수가 없어서 촛불을 들고 세상을 바꿔보자고 착한 백성들이 분연히 일어선 것이다.

촛불(탄핵)시위와 태극기(탄핵반대)시위 두 쪽으로 분열되어 나라가 온통 벌거숭이로 흉물스럽게 되었다. 양쪽 모두가 나름대로 충분한 이유가 있었다. 촛불집회에 참석한 어느 시민에게 참여의 의도를 물어보았다. 나라를 병들게 만드는 고질적인 적폐積弊현상을 청산하고, 민주주의가 더욱 크게 발전하여 정치 선진화가 되는 새로운 정치의 세상이 되어 나라를 나라다운 나라로 만들고자 하는 염원으로 탄핵을 지지한다고 했다.

태극기집회에 적극적으로 참석하는 어느 시민에게 참여의 의도를 물어보았다. 대통령이 잘못한 국정농단을 인정은 하지만, 국가의 안보가 불안하여 절대로 종북從北 좌파 세력들에게 정권을 넘겨줄 수가 없어서 탄핵을 반대한다고 했다. 나라의 앞날이 두렵고, 후손들이 걱정이라는 토를 달기도 했다.

촛불과 태극기 집회에 참여한 사람들은 서로가 국가를 사랑하기 때문이라고 한다. 촛불집회는 일벌백계一罰百戒주의를 주장하고, 태극기 집회는 나라의 장래를 생각해서 탄핵을 반대한다는 것이다.

문제는 무엇이 애국愛國의 길인지 혼란스럽다. 과연, 어느 쪽이 나라의 정체正體성을 세우는데 도움이 되는지 생각해보지 않을 수 없다. 양쪽 모두에 약간의 불순세력들이 끼어들어 오해의 소지를 남기기도 하고, 거짓말과 가짜 뉴스로 혹세무민惑世誣民(사람을 속여 미혹시키고 세상을 어지럽힘)하여 세상을 어지럽게 만들어 올바른 길을 찾기가 어려울 지경이다. 양쪽 집회를 이끌고 지도하면서 소요되는 경비까지 대어주는 단체가 각각 있을 뿐만 아니라, 권력집단의 지시에 따라 집회에 참여하도록 막대한 금품까지 지불하는 꼴사나운 작태作態가 연출되기도 했다.

더욱 한심스러운 경우는 정의正義와 애국愛國을 빙자한 사회단체라는 것들이 이권利權을 노리고 눈먼 돈을 챙기면서 경거망동輕擧妄動하는 모습은 눈 뜨고 볼 수 없는 지경이 되었다. 더욱이 세상을 크게 놀라게 한 노릇은 나라의 중추기관인 정보기관에서 나라의 안보를 지키기 위해서 특별활동비 예산으로 받은 돈을 눈먼 돈으로 둔갑시켜 정치적으로 이용한 것이나, 대통령 개인의 안보를 위해서 사용한 것이나, 정보기관 자체에서 가짜 뉴스를 만들어 국민을 기만하고 우롱하는 행동은 나라를 망하게 하는 행위가 아니고서는 할 수 없는 사건이다.

결국은 촛불과 태극기 두 집회의 등살에 존재감이 없어지는 것은 오로지 정의正義감 뿐이었다. 그들의 이념과 명분이 어찌 되었건 진실과 가식이 혼재하여 올바른 정의가 실종되는 것이 혼란스러웠다. 인간이 지켜야 할 윤리도덕은 사라지고 오로지 자신의 이해타산利害打算에 따라 행동하는 사회가 두렵고 걱정이 되었다. 진실은 사라지고 가식假飾으로 살아가는 세상, 가짜 인생으로 살아가는 세상이 되는 것 같아 참으로 삶의 회의懷疑를 느꼈다.

"모든 국민은 법 앞에 평등하다"는 진리가 아쉬웠다. 선출된 대통령이라도 법을 어겼을 때는 합당한 벌을 받아야 한다. 법 앞에 일반 국민 대중과 대통령이 달라서도 안 된다.

그것이 민주주의다. 그리고 정의다. 그것이 선진국의 상징이다.

불의不義-옳지 못한 일와 적당히 타협하고 옹호하는 옹색한 관용寬容 때

문에 후진국을 벗어나지 못하고 있다. 영혼에 끼어 있는 잘못된 후진 국의 때(찌꺼기)를 국민 모두가 말끔하게 씻어내야 한다. 중상重傷과 모략謀略를 지양止揚-끝내고하고 국민 모두가 국민이 하나 되는 소통의 길을 열어가야 한다.

대통령 출마 유세장에서 그는 **국민대통합**을 외쳤다. 그래도 대통령을 했던 사람의 품위를 생각해서 자기가 한 말에 책임을 지고 나라가 두 쪽이 되어가는 현실을 가슴 아프게 생각한다면서 다음과 같은 말을 기다렸다.

"모든 것이 나의 부덕의 소치로 빚어진 것이라 책임을 지고 대통령직에서 물러날 것이니 국민들은 나라를 위하여 한마음으로 뭉쳐주실 것을 부탁합니다"라는 말 한마디를 남기고 조용히 하야下野할 것을 기대했다. 그래도 나는 그를 믿고 그에게 투표를 했었기 때문에 그를 아끼는 마음으로 마지막 희망이나마 가져보았다. 믿는 도끼에 발등 찍히는 격이 되고 말았다. …… 무척이나 가슴 저리게 슬펐다.

그는 **"진실은 반드시 승리한다. 진실은 밝혀진다" "나는 아무런 잘못이 없다"**라고 했다. 나라를 혼란스럽게 만들어 놓고도, 아무런 잘못이 없다는 말에 나는 황당하여 화가 머리끝까지 치밀어 올랐다. 건강한 백성들 혈압 오르게 하여 병들게 만드는 처신이라고 생각했다. 도대체 그가 말하는 진실이 무엇인지 아무리 생각해도 떠오르지가 않는다.

아무쪼록 진실이 밝혀져 국론이 통일되어 국가 발전에 도움이 되었으면 하는 마음이 간절하다.

어찌 됐거나, 양분兩分 되는 촛불과 태극기 집회로 말미암아 국민들의 양심은 사라지고, 정의가 사라져 윤리 도덕이 참담하게 무너져 내리는 상황에 억장이 무너지면서 미래가 걱정이 되어 밤잠을 설칠 지경이다.

그는 국민들에게 큰 깨우침을 주었다. 권력의 무상함과 탐욕의 허망함을 새삼스럽게 느끼도록 하여 주었다. 지도자는 합리적인 정신력을 겸비한 인간 본바탕이 중요하다고 생각했다. 지식知識은 있으나 지혜智慧가 없는 사람을 지도자指導者로 선출選出해서는 안 된다는 사실을 배웠다. 국민과의 소통을 모르는 정치는 가식假飾적이고 허약虛弱할 수밖에 없다는 사실을 알게 됐다.

국민을 실망시킨 권력자가 비참하게 무너지는 모습을 가슴 아프게 지켜보았다. 참으로 안타까웠다. **그러한 대한민국 현실에 비애悲哀를 느꼈다.** 촛불(탄핵)과 태극기(탄핵반대) 집회를 반면교사反面教師로 삼아 아무나 함부로 국회의원이나 대통령이 되겠다고 나서지 말아야 하고, 아무나 당선시켜서도 안 된다.

정치는 생물生物이고, 종합예술이다. 정치가 생물이기 때문에 심신心身이 허약한 사람은 절대로 정치권에서 활동해서는 안 된다. 특히 육체보다 마음의 양식良識이 부족한 사람이 국회의원이 되거나 대통령이 되면 나라가 항상 시끄럽고, 국민과 나라를 위하기보다는 자기 자신을 챙기기에 바쁘고, 편협적偏狹的인 사고방식에 사로잡혀서 후진국을 벗어나기가 어렵다.

정치는 종합예술이기에 정치무대에 따라서 관객(국민)들이 웃기도 하고 울기도 하면서 나라가 흥하기도 하고 망하기도 한다. 특히, 관객(국민)과의 원만한 소통을 이루기 위해서 국회의원이나 대통령이 받고 있는 모든 특혜를 스스로 내려놓아야 한다. 특권의식에 젖어 거드름이나 피우고, 잘난척하면서 국민을 우습게 보고 갑질이나 하는 사람은 정치인이 될 자격이 없다. 국회의원이나 대통령이라는 특권의식으로 국민들로부터 특별히 대접받기를 원하는 바보 같은 비인격적非人格的인 사람이 지도자로 있는 한 후진국을 벗어날 수가 없다.

인격은 자리(직위)에서 나오는 것이 아니라 그 사람의 몸에 밴 품위에서 나오는 것이다. 오로지 국민과 국가를 위해서 봉사하겠다는 마음이 없는 사람은 폼이나 잡고, 저 잘났다고 큰소리나 치는 사람이니 정치권에서 철저하게 배제排除시켜야 한다. 그것만이 국민이 편하게 살면서 정치 선진화를 이룰 수가 있다. 국민 모두가 너와 나를 가릴 것 없이 환골탈태換骨奪胎하는 마음으로 우선 나부터 변하여 일등국민, 일등국가가 되는 길로 가도록 처신處身해야 한다

촛불 시위가 정치인들을 리드하여 수수방관袖手傍觀하던 정치인들의 정신을 깨우치게 했고, 새 정치를 바라는 국민의 염원으로 2017년 5월 10일 새 대통령을 뽑는 선거에서 유권자 77.2%의 투표로 드디어 정권政權이 바뀌었다. 촛불로 정권을 바꾸었으니 촛불 혁명革命인 것이다.

정치인들의 눈높이보다는 국민의 눈높이가 더욱 높았기에 혁명이 가능했다. 그것도 폭력을 배제排除한 질서정연한 촛불 집회였다. 피 한 방울 흘리지 않은 무혈 혁명이었다.

성숙한 시민의식과 평화적 집회참여를 세계 언론이 경탄敬歎했다. 2016년 10월29일 토요일, 광화문 광장에 30,000여명의 군중群衆들로 시작된 촛불 행진이 11월5일은 30여만 명, 11월12일은 106만명, 12월3일은 230여만 명이 참석하여 결국 12월9일 국회에서 탄핵이 가결되고, 시작부터 불과 한 달 사이에 전국에서 통산通算 1,700여만 명의 국민이 촛불 집회에 참여하였다. 결국은 국가의 기본을 무너뜨리고, 국정을 농단시킨 행정부의 수장인 대통령이 2017년 3월10일 헌법재판소에서 대통령직 파면으로 판결을 받게 되었다. 그는 국민들이 지켜보는 가운데 집권하던 정권에서 임기전에 물러나게 되었다.

한민족이 나라를 세운 후 4,350년의 긴 세월동안 수많은 고충과 굴욕을 받으며 춘화[*] 현상을 겪은 홍익인간의 후손들이 국가의 기강과 정의를 세우는 빛나는 쾌거快擧였다.

제갈량이 마속을 읍참마속[**]을 했듯이 40년간 자매처럼 살아온 사이라 하더라도 대통령에 당선된 후 공인公人의 자격으로 순실을 읍참순실 했더라면 대통령 재임 시에 탄핵을 받아 구치소에 수감되는 일은 없었을 것이라는 생각을 하면서 참으로 가엾고 인생무상人生無常함을 느낀다. 정치 현실은 후진국을 벗어나지 못하였으나, 촛불 집회의 진행과정은 선진국 수준이었다.

세계 정치 역사상 최초로 성공한 촛불 혁명이 되었다.
그래서 "한민족은 위대한 민족이다."
"이것이 한국이다."

촛불 혁명으로 탄생한 집권당의 수장은 촛불시위를 반대했던 태극기 집회의 참된 뜻을 깊이 있게 성찰해야 한다. 태극기 집회에 참석한 일부 불순한 자들을 제외한 대다수 국민들은 좌경 세력에게 정권이 넘

---

* 춘화 春化 현상 : 고통을 참고 견디면 좋은 결과가 생기는 현상.

** 읍참마속 泣斬馬謖 : 큰 목적을 위하여 자기가 아끼는 자를 버리는 것의 비유. 중국 삼국시대 촉 나라 제갈량이 사랑하는 부하 장수 마속이 군령을 어겨 가정 싸움에서 패했을 때 울면서 그의 목을 밴 일

어가 국가 안보가 불안하게 되는 것이 두려워 태극기 시위에 참여한 것이다. 집권자는 그 뜻을 헤아려 적폐청산과 더불어 국민들이 국가안보에 신경 쓰지 않고 생업에 종사할 수 있도록 국민 대통합을 이루는 것을 국정의 제1 과제로 삼고 실천해야 할 것이다. 국민 대통합을 이루는 것이 국가 안보를 지키는 길이기 때문이다. 궁극窮極적인 목표는 통일이다. 국민 대통합이 남북통일을 성공적으로 이룩하는 선결 조건이다. 공명심에 눈이 멀어 현실을 망각해서는 안 된다.

한민족의 남북통일

대한민국은 합법적인 국민에 의한, 국민을 위한, 국민의 정부를 세우고 국민들은 정치적으로 자유스러운 환경에서 안정을 찾아가며 그런대로 생업에 종사하면서 열심히 살아왔다. 국민 각자의 자유분방한 활동으로 정치, 경제, 사회, 문화, 과학 등등의 각 분야에서 세상이 놀랄 정도로 눈부시게 발전을 거듭해 왔다. 자유무역의 활발한 교역으로 해방이 된 지 60여년 만에 지구촌에서 10대 경제대국으로 부상하여 원조를 받던 나라에서 원조를 주는 나라로 발전했다.

한민족은 이제 나라가 생긴 5천년의 역사 중 가장 행복한 삶을 누리고 있다. 북한이 벼랑 끝 전술로 집적거리지 않으면 대한민국 국민들은 최고의 자유를 누리며 태평성대太平聖代 를 구가謳歌 하는 세상이 되었다.

반면에, 북한은 해방의 틈새를 노려 나라를 갈취喝取한 무리들이 69년 동안 세습적으로 정권을 물려받으면서 공산주의독재와 수령首領 독재로서 인민을 철저하게 기만하고 탄압하면서 오로지 그 정권을 유지하기 위해서 대내외적으로 감언이설과 폭력만을 행사하여 왔다.

인민은 정치지도자의 노리개가 아니고, 소모품도 아니다. 독재자의 전유물인 철의 장막으로 쇄국정책을 구사하여 인민의 자유스러운 생활환경을 억압하고 기득권자 외에는 외국과의 자유스러운 교역을 봉쇄하고 폐쇄하여 철의 장막 안에 가둬놓고 인민을 정치 지도자의 노리개감으로 여기고 소모품으로 여겨왔다. 지도자의 손가락 향방에 따라 움직이는 꼭두각시 인생으로 사는 것이 북한 인민의 삶의 현실이다.

누구나 한 번 태어나서 살다가기는 마찬가지 인생인데 인민은 자유와 희망이 없는 삶을 살아야하고, 오로지 수령 독재자와 그의 측근들만이 자유스럽게 춤추며 즐기는 나라가 되었다. 만수무강 연구소를 차려놓고 기쁨조를 편성하였으니 최고지도자의 삶은 천국이고 인민의 삶은 지옥이 되어버린 것이다. 사람은 태어나는 순간부터 자존自尊과 존엄尊嚴을 스스로 지킬 자격이 있다.

글로벌시대에 인민은 배를 곯아 기아선상에서 허덕이고 있는데 정권유지를 위해서 핵무기를 만들어 인민을 선동하고 충동질하여 전 인민을 죽음으로 몰아가려는 짓거리를 태연하게 자행하면서 한편으로는 대한민국을 불바다로 만들겠다는 공갈 협박으로 말 폭탄을 쏟아 부으며 우롱愚弄하고 있다. 벼랑 끝 전술로 얼마나 버틸 것 같은가? 마음을 비우면 세상의 흐름(지구촌의 정세)이 바르게 보인다.

내 탓 네 탓 가릴 것 없이 국민이 깨어나야 정치인이 깨어나고, 정치인이 깨어나야 나라가 바르게 세워진다. 정신 차리고 마음을 비우면 모두가 편안하고 행복해진다. 남북통일도 이루어진다.

한얼사상의 씨알인 홍익인간의 위대한 유산을 물려받은 같은 한민족의 단군할아버지 자손으로서 북한의 최고 존엄尊嚴에게 부탁한다. 막힌 귀를 뚫고 눈을 멀리 내다보면서 마음의 문을 활짝 열고 삐뚤어진 민족정기(민족의 혼)를 바로 세워주기를 바란다.

0.1%의 정치 지도자들이 99.9%인 인민의 안전과 행복을 위해서 백년대계百年大計를 세워, 마음을 비우고 민족의 제단祭壇에 모든 기득권既得權을 내려놓으면, 오매불망寤寐不忘 하던 남북통일도 하루아침에 이룰 수가 있다. 살아생전에 짧은 기간 동안 정권政權욕에 눈이 먼 폭정暴政의 괴수魁首가 되어 후세後世에 씻지 못할 욕을 먹는 역사적인 죄인이 되겠는가? 아니면, 이제라도 정권政權의 기득권을 과감하게 버리고 평화적인 남북통일을 이루도록 실천함으로써 민족의 영원한 영웅으로 남아

만세萬世에 추앙推仰받는 등불이 되어야 하지 않겠는가? 반세기半世紀가 넘도록 수령 독재자의 폭정暴政에 시달려 정情에 굶주리며 독재자의 손발 노릇을 하여준 어리석고 불쌍한 인민들을 이제는 그만 불행의 수령에서 해방시키고, 글로벌시대에 단합된 한민족의 정신을 세계 만방에 알려 한민족의 위상을 드높일 때가 되지 않았는가?

동족同族을 죽이는 핵무기를 가지고는 남북통일을 이룰 수가 없다. 폭력은 폭력을 낳아 자멸할 뿐이다. 내 인생이 귀하면 남의 인생도 귀한 것이다. 마음을 열고 순수한 마음을 얻어야 한다. 법은 지키는 자만이 보호를 받을 수 있다. 권한권력은 정의正義가 살아 움직일 때만 힘을 얻는 것이다.

북한의 공식명칭은 '조선민주주의 인민공화국'이다. 모든 '주권主權은 국민에게 있다'는 것이 민주주의의 기본질서다. 그러나 북한의 현체제는 국민에게 주권이 있는 것이 아니라, 김 씨 왕조의 최고 권력자인 수령 동지에게 모든 권한이 편중되어 있는 봉건封建군주주의君主主義 제도에 매몰되어 있다. 이 씨가 통치하던 세습적인 조선시대와는 또 다른 김 씨 왕조시대를 펼쳐 왔다.

나라를 갈취喝取한 독재자가 자기 자손에게 나라를 통째로 상속相續하여 다스리게 했다. 나라를 유산遺産으로 넘겨받은 사람이 임금이 아닌 수령首領 독재자로, 인민을 속이고 탄압하여 왔다. 정치, 경제의 모든 권한이 독재자 한 사람에게 편중되어 있다. 국민 한 사람 한 사람의 생존권이 절대권력자 한 사람에게 주어져 있다면, 그것은 '민주주의 인민공화국'이 아니라 '수령 독재 전제국專制國'으로 불려야 마땅하다.

더불어 살아가는 21세기 글로벌시대에 그런 나라가 있다는 것을 어떻게 생각해야 할까? 절대 권력자 1인 독재자가 운영하는 나라는 경영상의 하자瑕疵로 망하고 말았다는 사실을 역사가 증명하고 있다. 로마제국이 그러했고, 스페인왕국이 그러했고, 소련이 그러했고, 등등 수많은 철권정권이 정권을 유지하지 못하고 망해왔다.

대한민국은 국민 100%가 정치적으로 구속받지 않고, 자유민주주의 체제에서 지극히 자유스러운 행복을 누리며 살고 있다. 북한은 국민 99,9%가 0,1%의 지도자 폭정暴政에 시달리며 노예 같은 생활에서 벗어나지 못하고 인권을 유린당하며 살아가고 있다.

남북통일은, 작금의 상황(2017년 8월30일 기준)으로 판단할 때 다음 두 가지로 생각해볼 수 있겠다. 첫째는, 북한의 정권이 괴멸壞滅되어 지구에서 사라질 때 선택의 여지없이 통일을 이루게 되는 경우가 발생할 수 있다. 두 번째는 북한이 핵무장을 포기하고 개혁 개방하여 민주화되는 과정에서 필연적으로 이루어지는 통일을 생각해볼 수 있다.

작금에 북한은 핵무기를 만들어 자신의 존재 가치를 드러내기 위하여 철부지 같은 짓거리를 천연덕스럽게 자행하고 있다. 핵실험과 탄도 미사일을 실험 발사하면서 벼랑 끝 전술을 펼치고 있다. 역사의 시계바늘을 완전히 반대로 돌려가고 있다. 더구나 미국을 상대로 결사항쟁으로 투쟁하겠다고 벼르고 있다. 하룻강아지 범 무서운 줄 모르고 까불어대는 꼴이다.

미국은 한방꺼리도 안 되는 강아지가 까불어대는 짓거리를 바라보기에 더 이상 참아내기가 어려울 지경에 와 있다. 참아내는 데 한계를 느껴 군사적 옵션을 쓰겠다고 한다.

북한은 지금 스스로 전쟁의 불구덩이로 뛰어들어 자멸하기를 자청하고 있는 현상이다. 평화적으로 해결하기 위한 돌연 변수(북한이 핵무기를 포기하는 선언)가 생겨나지 않는 한 결국 전쟁으로 인하여 북한 정권이 지구촌에서 사라지게 됨으로 얻어지는 통일이다.

그러나 대한민국 국민은 참혹한 전쟁으로 동포가 죽음을 당하는 것을 원하지 않는다. 그것은 홍익인간 정신을 이어받은 한민족의 한 핏줄이기 때문이다. 전쟁은 1950년 6월25일 김일성 괴뢰도당傀儡徒黨들이 일으킨 사변事變으로 충분하다.

나보다 남을 아끼고 배려하는 정신에서 자유와 평화를 숭상崇尙하는 홍익인간 정신의 한민족이기 때문에 대한민국 국민은 본능적으로 전쟁을 원하지 않는다. 중요한 것은 21세기 글로벌시대에서는 핵무기의 유용가치가 없다는 사실을 알아야 한다.

핵무기는 국력의 상징적인 가치일 뿐 함부로 사용할 수 없는 것이

21세기 글로벌시대의 보편적인 견해見解가 되었다. 핵무기의 효력은 20세기 1, 2차 세계대전과 미美國, 소蘇聯의 냉전시대에서는 힘을 발휘하기도 하였지만, 4차 산업혁명 시대에서는 공갈과 협박으로 통하지 않는 글로벌시대가 되어 핵무기의 효용가치가 없음을 깨달아야 한다. 핵무기를 사용하는 나라는 사용하는 즉시 국제사회가 용서하지 않기 때문에 스스로 자멸하여 지구촌에서 사라지게 된다.

이제라도 자멸의 길을 포기하고 한얼사상의 씨알인 홍익인간 정신으로 인류사회 발전에 공헌하고, 글로벌시대에 한민족의 영원한 번영에 이바지하는 방법으로 너도 살고 나도 사는 길을 택하여 주기를 강력하게 주문한다.

두 번째로, 북한은 핵무기에 의존하지 말고, 현 정권을 유지하면서 인민들과 더불어 영원히 살아갈 수 있는 길을 택해야 한다. 그것이 평화적으로 통일을 이루는 지극히 합리적인 최선의 방법이라는 것을 깨달아야 한다.

북한의 지도자는 마음을 비우고 인민들과 원만하고 합리적인 소통을 이루어 인민이 무엇을 원하고, 인민의 행복이 무엇인지 우선적으로 감지하고 그것을 실천하는 일부터 시작해야 한다. 인민과의 자유스러운 소통疏通이 만병통치萬病通治의 처방이라는 사실을 알아야 한다.

북한의 정치체제를 우선적으로 개혁하고 개방하여 온 국민이 자유스러운 삶을 누릴 수 있는 환경이 되어야 한다. 그것만이 진정한 평화통일을 이룰 수 있는 여건이 조성되는 것이다. 외국의 어느 누구는 북한을 '거대한 감옥소監獄所'라고 했다. 나라 자체가 감옥이라는 뜻이다.

사람으로 태어나서 감옥에서 살고 싶은 사람은 이 세상에 단 한 사람도 없다. 사람은 현재 살고 있는 정치적인 생활환경이 자유스러워야 서로가 어울리기도 하고 화합도 하면서 통일도 이룰 수가 있다. 남북한이 평화통일을 이루기 위해서는 북한의 정치환경이 바뀌어야만 가능하다. **하루라도 빨리 마음을 비우고 큰 뜻을 펼쳐 평화통일을 이루도록 모든 수순을 밟아나가는 행동으로 처신하여주기 바란다.**

4차 산업혁명이 일어나면, 지구촌에서는 '살기 좋은 나라를 골라가며 사는 시대'가 온다. "네가 죽어야 내가 산다"는 세상은 이미 지나갔다. 더구나 "너 죽고 나 죽자"라는 세상은 더욱이 아니다. 21세기 글로벌시대는 더불어 다 같이 잘 살아가자는 현명한 삶의 철학이 지배하는 세상이다. 그것이 한민족의 홍익인간 정신이다.

이제 남북정상회담(2018년 4월 27일)과 북미정상회담(2018년 6월 12일)을 성공적으로 이루어 한민족에게 통일의 여명黎明을 밝혀주고 있다. 만시지탄晩時之歎이기는 하지만 참으로 다행스러운 일이다.

한민족이 하나같이 통일의 꿈으로 한껏 부풀어있다. 코앞에 닥쳐온 평화의 꿈으로 한민족이 새로운 세상을 맞이하게 되었다. 완전한 평화를 이루기 위한 과정에는 많은 어려움이 따를 것이다. 그 어려움을 슬기롭게 극복하면 다 함께 영광을 얻을 것이고, 그렇지 못하면 죽음이나 다름없는 불행을 당하게 될 것이다.

남북통일은 잠재되어 있는 한민족의 맛과 멋을 살려 지구촌에서 가장 으뜸가는 보금자리 국가가 될 것이다. 그것이 바로 한민족의 혼이며 한얼사상의 정신이다. 한민족에게 행복의 꽃이 만개되는 통일을 두 손 모아 간절하게 기다린다.

두 번째 말

이것이 한국이다

일등국민 일등국가로 가는 길목에서.

한국 사람이면서 한국을 제대로 느끼지 못하고

살아가는 사람들이 있다.

외국인의 눈에 비친 한국의 모습이다.

외국인의 지적을 겸허하게 받아들여 스스로 반성하고

겸손한 마음의 자세로 지킬 것은 지키고,

버릴 것은 버리고, 고칠 것은 고쳐서

새롭게 살아가는 계기로 삼았으면 좋겠다.

한국인을 말한다

한국에서 15년간 기자생활을 한 영국의 마이클브린이 쓴 〈한국인을 말한다〉에서 "한국인은 부패, 조급성, 당파성 등 문제가 많으면서도 훌륭한 점이 많은 대단한 나라다"라고 했다.

- 2천만 이상의 인구가 있는 서울 경기지역의 대중교통체계가 외국 어느 나라에 비해서도 효율적으로 되어 있는 나라.
- 자동차 주유할 때 손끝 하나 까딱하지 않고 운전석에 앉아 서비스 받을 수 있는 나라.

- 세계 어느 나라보다 도서관이 질적 양적으로 잘 되어 있는 나라.
- IT의 발달로 자금의 이체나 대금지불이 어느 나라보다 신속한 나라.
- 작은 병원을 사전 예약 없이도 항시 진찰 받을 수 있는 나라.
- 나이 좀 먹으면 젊은 사람으로부터 아버님, 어머님, 어르신 소리 들으며 살 수 있는 나라.
- 다른 나라에 비해 아파트 단지 안에 훌륭한 운동 시설, 걷는 도로가 있는 나라.
- 상품배송이 신속하고 정확하게 이루어지는 나라.
- 코스트코는 본토인 미국보다 장사가 잘 되어 손님이 항상 미어지고, 반품도 거의 없어 연일 신바람 나는 나라.
- 택시 타기가 어느 나라보다 쉬워 출입하기 편리한 나라.
- 식당이 전 국토 어디에나 자리하고 있어서 입맛대로 골라먹기 좋은 나라.
- 선진국과 후진국의 다양한 문화가 혼재해서 지루하지 않은 나라.
- 영어사용 국가들보다 더 빰치게 영어를 잘 활용해서 현지화 시키는 나라.
- 세계에 유례가 없는 멋진 온돌문화를 발전시켜 자고 나면 항상 등짝이 따뜻한 나라.
- 서양보다 더 맛있는 양식, 더 다양한 뷔페를 먹을 수 있는 즐거운 나라.

- 개가 짖어도 기차는 잘 가듯이, 나라가 늘 시끄럽고 소란해도 잘 굴러가는 나라.
- 전기, 상하수도료, 쓰레기 수거비가 세계에서 가장 저렴한 국가 중 하나이고, 대중교통이 잘 되어 있는 나라.
- 평균 IQ 105를 넘는 유일한 나라.
- 일하는 시간이 세계에서 2위다. 평균 노는 시간 세계 3위인 잠 없는 나라다.
- 문맹률 1% 미만인 유일한 나라다.
- 미국과 제대로 전쟁 났을 때 3일 이상 버틸 수 있는 8개국 중 하나인 나라.
- 세계 유일의 분단국가이자 아직도 휴전 중인 나라.
- 노약자 보호석이 있는 5개국 중 하나인 나라.
- 세계 2위 경제대국 일본을 발톱 사이 때만큼도 안 여기는 나라.
- 여성부가 존재하는 유일한 나라.
- 음악 수준이 가장 빠르게 발전한 나라. 세계 젊은이들을 열광시키는 K-POP 스타를 탄생시켰다.
- 지하철 평가 세계 1위로 청결함과 편리함이 최고인 나라.
- 세계 봉사국 순위 4위인 나라.
- 문자 없는 나라들에게 UN이 제공한 문자는 한글이다. (현재 세계 3개 국가가 국어로 삼고 있다.)
- 가장 단기간에 IMF를 극복해서 세계를 경악시킨 나라.

- 유럽 통계에서 세계 여자 미모 순위가 1위인 나라.
- 미국 여자 프로골프 상위 100명 중 30명이나 들어간 나라.
- 서울이 세계 10대 거대 도시 중의 하나인 나라.
- 세계 4대 강국을 우습게 아는 배짱 있는 나라.
- 인터넷 TV 초고속 통신망이 세계에서 가장 발전한 나라.
- 세계에서 가장 많은 발음을 표기할 수 있는 문자를 가진 나라. (한글 24개 문자로 11,000개의 소리를 표현하는 나라. 일본은 300개, 중국은 400개에 불과)
- 세계 각국 유수대학에서 우등생 자리를 휩쓸고 다니는 나라 (2위 이스라엘, 3위 독일)
- 한국인은 유태인을 게으름뱅이로 보이게 하는 유일한 민족이다. 까칠하고 비판적이며 전문가 빰치는 정보력으로 무장한 한국인이다.
- 세계에서 가장 기가 센 민족이다. 한국인은 강한 사람에게 꼭 '놈'자를 붙인다. '미국놈, 왜놈, 떼놈, 러시아놈' 등 무의식적으로 '놈'를 붙여 깔보는 게 습관이 됐다.
- 약소국에게는 관대하여 '아프리카 사람, 인도네시아 사람, 베트남 사람' 등에는 '놈'자를 붙이지 않는다.
- 한국의 산야는 음양陰陽이 강하게 충돌하기 때문에 사람들이 강할 수밖에 없다. 강한 기는 강한 종자를 생산한다.
- 한, 중, 일 3국 중 한국의 진달래가 가장 예쁘고, 인삼의 기도 월

등하다. 물맛도 최고며, 음식도 맛있다.

- 전 세계에서 한국의 꿩처럼 예쁜 꿩이 없고, 한우처럼 맛있는 고기도 없다.
- 중국민족과 한민족은 타고난 기氣가 다르다. 광활한 대륙은 기를 넓게 분산시켜서 '기운 빠지는' 지형이다. 반면에 한반도는 좁은 협곡 사이로 기가 부딪혀 세계에서 가장 기가 센 나라가 됐다. 기가 센 나라에서 태어났으니 기가 센 국민이 될 수밖에 없다.
- 한국의 독립 운동사를 보면 한국인이 세계에서 가장 기가 강한 민족이라는 것을 알 수 있다. 중국은 광활한 대륙, 끝없는 사막, 넓은 고원을 언급하며 스스로를 대인大人이라고 부르지만 천만의 말씀이다. 얼핏 대륙에서 태어난 중국인이 마음도 넓고 강한 것 같지만 결정적으로 한국 사람보다 기가 약하다.

1932년 일본이 중국에 만주국을 건설하고, 1945년 패망하기까지 13년 동안에 난징대학살을 포함하여 일본에 의해 죽은 사람은 무려 3,200만명에 육박했다. 그러나 중국인이 일본 고위층을 암살한 경우는 거의 전무했다. 그에 비해 조선은 만 35년 동안 3만 2천명으로 중국 피살자의 1,000분의 1에 불과했지만, 일본 고위층 암살 시도와 성공 횟수는 세계가 감탄할 정도였다.

1909년 안중근 의사는 하얼빈역에서 전 일본 총리 이토 히로부미를 살해했고, 1932년 이봉창 의사는 도쿄에서 일왕〈日王〉에게 폭탄을 던졌으며, 같은 해에 윤봉길 의사는 상해에서 폭탄을 던져 상해 팔기군 시라가와 대장 등 일제 고위 장성 10여명을 살상했다. 1926년에는 나석주 의사가 민족경제파탄의 주범인 식산은행, 동양척식주식회사에 폭탄을 투척하고, 조선철도회사에서 일본인을 저격한 뒤 자결했다.

- 현재 한국은 중국에게 리드 당할까봐 겁내고 있다. 절대 겁내지 마라. 중국과 한국은 기부터 다르다. 세계 IT강국의 타이틀은 아무나 갖는 자리가 아니다. 180년 주기로 한국의 기운은 상승하는데, 지금이 바로 그 때다. 어느 정도의 난관이 있을지는 모르지만 틀림없이 이를 극복하고 도약하리라 믿는다.

한반도는 지구 상공에서 내려다보면 풍수지리風水地理적으로 좌청룡左靑龍우백호右白虎로 포진되어 있어서 지구에서 가장 훌륭한 명당 중에 명당자리로 꼽히고 있다. 지구촌에서 가장 좋은 기운이 서려있어서 사람 살기가 좋은 곳이다. 한민족은 지구촌의 명당자리에서 거주하고 있기 때문에 선천적으로 정이 많고, 평화를 신봉하고, 매사 긍정적이며, 사리판단이 지극히 합리적이다.
최근 수년간 한국의 객관적 지표들이 현저히 나빠지고 있다. 보다 큰 불행의 전주곡들이 여기저기서 들려오는 듯하다. 하지만, '궁즉통 극즉반'이라 하였으니 멀지 않아 반전의 기회가 오리라 믿는다. 한국인은 필리핀이나 아르헨티나, 그리스처럼 추락할 때까지 절대 지켜만 보고 있지는 않을 것이기 때문이다.

- 1948년 정부수립 직후, 한국은 파키스탄 제철공장으로 견학 가고 필리핀으로 유학을 떠났다. 이제는 역으로 그들이 한국으로 배우러 온다. 국력으로 치자면 끝에서 2, 3번째 하던 나라가 이제 세계 10위권을 넘보고 있다.
- 배달민족의 기상을 이어받아 집에서 짜장면, 햄버거까지 배달해 먹을 수 있는 나라.
- 식당 종업원에 대한 팁이 없어 식사하기 즐거운 나라.
- 대한민국은 지구촌에서 국토 면적이 109번째로 작은 나라임에도 불구하고 세계 젊은이들을 열광시키는 K-POP 스타를 탄생시켰고, 세계 제일의 스마트폰을 만든 나라다
- 예뻐지기 위해 뭐든 하는 나라.

미국 뉴스전문 채널 CNN에서 지난 2016년 3월30일 방송에서 미美에 있어 지구상에서 가장 진화된 나라는 한국이라고 단언한다. "달팽이크림(달팽이 점액을 넣어 만든 크림)이나, 제주도의 화산토火山土를 사용해 만든 마스크팩 등 한국 사람들은 예뻐지기 위해서라면 어떤 재료도 마다하지 않는다"고 소개했다.

- 아시아에서 성형수술의 중심지.

CNN은 한국에서는 성형수술로 해결하지 못하는 게 없다고 전

했다. 그러면서 러시아, 중국, 일본 심지어는 몽골 사람들조차 성형수술을 하러 한국으로 몰려들고 있다고 소개했다. CNN은 "미국에서 1만 달러(한화 약 1,040만원)가 드는 성형수술이 한국에서는 2,000~3,000달라(한화 200~300만원)면 충분하다"고 전했다.

- 미래를 체험하고 싶다면 한국으로 가라.

CNN은 한국의 IT 기술이 세계에서 가장 뛰어나다고 전했다. 한국인들은 스마트폰을 사용해 쇼핑하고, TV를 보며, 지하철까지 이용한다며 한국은 최첨단 기술의 선진기지라고 소개했다.

- 독특한 회식 문화.

한국인들은 장시간 노동에서 오는 스트레스를 '폭탄주'로 풀기 때문에 대표적 소주 제조회사인 진로 소주는 11년째 세계에서 가장 많은 판매량을 기록하고 있다고 전했다

- 외국 말을 못해도 세계를 여행할 수 있는 나라.

스마트폰에 10여 개국의 문자 안내를 받을 수가 있어서 가이드 없이 세계 여행을 혼자서 할 수 있는 나라.

- 세계에서 신용카드를 가장 많이 사용하고 있는 나라.

미국인이 1년에 77.9회 카드를 사용할 때, 한국인은 129.7회 사용

하고 “한국에는 상점에서 카드 사용을 거부하면 불법으로 간주하는 법까지 있다”고 소개했다.

- 세계에서 일을 가장 많이 하는 나라.

CNN은 각종 통계를 들어 한국인이 세계에서 가장 오래 일한다고 전했다. “한국인은 1주일에 44.6시간 일하는데, 이는 세계인의 평균보다 12시간 긴 수준”이라며 “1일 평균 수면 시간도 6시간이 채 안 된다”고 보도했다.

- 전 세계에서 가장 앞선 게임 시장.

CNN은 한국인의 스타크래프트 사랑을 전하며 “이 게임 판매량의 절반이 한국에서 이뤄졌다”며 “한국에서는 게임 중독을 막기 위해 신데렐라법(16세 미만 청소년이 밤 12시부터 오전 6시까지 게임 접속을 하지 못하도록 한 법)까지 생겼다”고 소개했다.

- 세계 최고의 항공 서비스.

한국의 항공사의 서비스는 단연 세계 최고다. “세계적인 항공사들도 기내 서비스를 배우러 한국 항공사를 방문한다”며 이런 승무원들의 친절함은 평소 승객들의 자잘한 부탁에도 친절하게 대해주는 모습 뿐 아니라, 식사 시간에 기내식으로 준비한 비빔밥이 동이 났을 때 깜짝 놀라며 당황스러워하는 그들의 표정을 보면 오히려 승객이 더 당황스럽게 느껴지기도 한다.

● 세계 최고의 여자골퍼들을 보유.

한국이 세계 정상급 여자 골프 선수를 다수 배출하고 있다는 점도 강조했다. 세계 여자 골프 선수 랭킹 100위 가운데 한국 여자 골프선수가 38명이 포진해 있는데 CNN은 그 비결로 '타이거맘·대디'(자녀를 엄격히 훈육하는 부모)를 들었다.

● 소개팅의 천국.

한국인은 1주일에 평균 2회 소개팅을 한다. 한국에서 애인 없는 사람이 가장 많이 듣는 질문은 "다음 소개팅은 언제야?"라는 질문이라고 전하기도 했다.

독일계 한국인 이참李參 씨의 한국관

30년이 넘도록 한국에서 살고 있다는 독일계 한국인 이참 씨가 강연에서 피력披瀝한 한국관韓國觀은 한국인이 느끼지 못한 점을 지적하였기에 그의 견해를 심도있게 받아들이지 않을 수 없다. 한국 사람은 그의 지적을 감사하게 생각해야 한다.

● "대한민국은 무한한 잠재력을 가진 나라임에도 불구하고 답답

한 점이 많다"고 지적했다.

- "국민 다수가 자신을 대통령감이라고 생각하는 한국"이라 했다. 잘난 사람이 너무나 많아서 바람 잘 날 없이 세상이 시끄럽지만 그런데도 잘 굴러간다고 했다.

- "한국은 원래부터 다원주의多元主義문화를 가진 나라"라고 했다. 한국은 샤머니즘, 불교, 유교, 기독교를 차례로 받아들여 한국화하고 꽃을 피우고, 평화공존하는 세계에서 유일한 나라라는 것이다.

- "철학과 과학성이 생활 속에 깔려 있다"고 했다.

- 그는 한국의 건축, 한글, 음식 등에는 철학과 과학성이 깔려 있다고 하였다.

- 한국의 강점强點은 철학자와 학자들이 나라를 1천년간 다스린 점이라고 했다.
  "철학을 공부하는 데는 돈이 들지 않습니다."
  "한국은 철학대국大國이 될 수 있습니다."

- "한국만큼 다양하고 친근한 자연을 가진 나라는 없다"고 했다.

  "애국가의 가사는 온통 자연에 대한 사랑입니다. 동해물, 백두산, 남산, 소나무, 하늘, 바람 등등. 한국처럼 드라이브 할 때 5분마다 풍경이 바뀌는 나라는 없습니다. 자연과 더불어 살아가기를 원하는 사람들이 사는 한국은 환경대국大國이 될 수 있습니다."

- "공동의 목표가 있을 때는 단결"한다고 했다.

  진돗개 연구가이기도 한 그는 진돗개가 한국인과 성격이 비슷하다고 했다. 한국인과 비슷하기에 도태되지 않고 애호를 받고 있다는 것이다. 순종적이고 잘 훈련된 셰퍼드가 독일인의 애호를 받는 것도 마찬가지 이치이다.

  "한 집에서 여러 마리의 개를 키우면 한 번은 꼭 싸웁니다. 그리하여 서열이 정해지고, 이 서열에 따라 질서가 잡혀 더 싸우지 않습니다. 진돗개를 여러 마리 키우는 집에서는 싸움이 끊이질 않아요. 싸워서 진 개가 이긴 개에게 승복하지 않고 계속 도전합니다. 보스 기질이 강하여 모든 개가 우두머리가 되겠다고 그러는 거예요. 제가 전국을 돌아다니면서 진돗개를 조사하였는데 세 집에서는 서로 싸우지 않았습니다. 이 세 집에는 공통점이 있었습니다. 진돗개를 멧돼지 사냥에 이용하는 거예요. 멧돼지를 진돗개가 1대1로 상대하면 다 죽습니다. 그러나 세 마리가 공동작전을 펴서 멧돼지를 피로하게 한 다음 물어서 죽입니다. 강한

적敵을 거꾸러뜨리기 위하여 협력하다가 보니 세 마리가 친해져서 사이좋게 지냅니다.
한국인들도 공동의 적敵, 공동의 목표가 있을 때는 단결합니다. 한강의 기적이 그런 경우이지요."

● 너무 혈연, 지연, 학연, 당파중심 사고에 얽매인다.

그렇다. 어디 한강의 기적뿐인가. 한국인들은 평소에는 내 가족, 내 친족, 내 동네, 내 동문, 내 파당 등등으로 갈라져서 제 편만 옳고 잘났다며 지역싸움, 당파싸움을 일삼고, 불안한 장래에 대하여도 각자가 다 다르게 개인적으로 혼자의 방식과 비책으로 대비하고 고민한다. 그러나 우리 역사를 한번 뒤돌아보자.
나라에 매우 큰 환란이 닥쳐올 때에는 참 신기하게도 국민 대다수가 순식간에 한가족처럼 일치된 공감대共感帶와 공동체의식을 형성하면서 초당적으로 단결하여 각자의 비책을 교환하며 너나 없이 국면타개에 앞장서 몸 바쳐 왔던 것이다. 한강의 기적 정도가 아니라 임진왜란이 그랬고, 6·25 전쟁이 그랬다.
조총이란 신무기로 무장하고 6년 동안이나 삼천리강산을 들쑤셔 대던 20만 대군(지금 같으면 2백만 정도의 대군)의 왜구가 종국엔 거의 다 죽고 대패하였는데, 이것은 이순신 장군 혼자서 이룩한 승전이 아니라 각처에서 온 백성이 의병, 승병, 학병, 심지어는 의기義妓 논개와 부녀자들의 치마부대가 결사항전에 나섰기 때문이 아니었나?

제2차 세계대전의 용장으로서 6·25전쟁에 투입된 미국의 한 장성(밴플리트 장군)이 다음과 같은 말을 했다고 전한다.

"내가 오랫동안 크고 작은 전쟁터를 다 다녀 보았는데, 한국군 같은 독종은 보지 못했어요. 38선에서 밀리기 시작해서 한강, 수원, 대전, 낙동강 등 전선마다 후퇴를 거듭하는 동안 한국군 패잔병들은, 제대로 된 훈련도 받지 못한 것 같은데, 항상 저희들끼리 새 부대를 편성하여 일선에 다시 보내 달라, 무기를 달라고 절규하는 거야. 당시엔 탱크도 없어서, 나가면 죽는 것이 뻔한데, 유럽 전선에서 보면, 어느 나라에서든 패잔병은 도망쳐 초야에 숨어버리면 그만이었지."

- 한국의 개인주의는 미흡함이 있으나 끈기가 있다.

이참 씨는, 독일에서도 16세기 초 마틴루터에 의한 종교개혁이 일어나기 전에는 위대한 성취나, 인물이 적었다고 한다. 종교개혁에 의하여 인간이 교회의 압제로부터 해방되고, 개인의 소중함이 인정되면서 위대한 국민, 위대한 국가가 탄생하게 되었다는 것이다. 한국의 개인주의는 아직 부족하다고 그는 지적하였다. 아직도 획일적인 생각이 힘을 쓰고 있다는 것이다.

그는 "한국인들은 골프 연습을 너무 열심히 하여 갈비뼈에 금이 가는 일을 예사로 생각하는데 다른 나라에서는 보기 힘든 경우"

라고 하였다. 무엇을 한 번 시작하면 끝까지 밀어 붙이는 한국인의 성격이 잘 보여주듯이 한국인의 에너지는 세계적이란 것이다.

- 정情이 깊다. 애국심이 강하다. 자신감이 넘친다.

그는 "처음 만났는데 한 시간도 되지 않아 남편감, 신부감을 소개해주겠다고 하는 한국인. 어디 아프다고 하면 모두 약사가 된 것처럼 각자 좋은 약을 추천하는 한국인. 국민 다수가 자신을 대통령감으로 생각하는 나라"를 자신감의 예로 들었다.

이런 잠재력에도 불구하고 한국의 교육제도가 문제라고 이참 씨는 비판하였다. 너무 "우리끼리 경쟁에만 빠져 있다"는 것이다. 동방예의지국禮儀之國이 아니라 동방 무례지국無禮之國처럼 된 것도 교육의 실패다"라고 했다.
이참 씨는 한국인들을 단결시킬 수 있는 멧돼지 같은 사냥감, 즉 국가적 목표와 비전, 또는 대의大義를 국가 지도부가 만들어내어야 무한한 잠재력을 활용할 수 있다고 강조했다.

세 번째 말

선진국 문턱에서

선진국은 그냥 얻어지는 것이 아니다.
선진국 수준으로 된 마음의 양식이 생활습관으로 자리잡을 때
선진국이 되는 것이라 생각한다.

선진국의 특징

일반 국민이 즐겁게 문화생활을 하면서 행복하게 살아가는 나라가 선진국이다. 국가가 제도적으로 받쳐주고 있으며, 국민의 의식意識 문화가 고차원적이고 매우 아름답다. 정치와 경제가 안정적이기 때문에 모든 면에서 양극화 현상 없이 국민의 삶이 비교적 풍요롭다. 국민소득이 3만불 이상이고, 국민 의식 수준이 3만 불 이상이면 선진국의 반열班列에 들어선다.

● 부정不正과 비리非理는 인생살이에 최악最惡의 오점汚點을 남기는

것으로 인식이 되어 부패한 것을 가장 혐오嫌惡한다. 올바르지 못한 일에 참여하는 것을 스스로 인격 장애자로 느끼면서 사회적인 수치감으로 생각한다.

- 갑질하는 것을 국민 스스로 부끄럽게 여긴다. 정치인은 여당 야당 가릴 것 없이 정치적 흑백 논리에 함몰되지 않고 지나친 정치 논리에서 벗어나 모든 사안事案을 지극히 합리적인 방법으로 지혜롭게 처리함으로 정치적인 양극화 현상이 없다. 국민은 정치에 신경 쓰지 않고 자신의 삶을 즐긴다. (자신의 지역구 국회의원의 이름도 모르고 사는 사람들이 태반이다.) 가장 중요한 것은 '깨끗한 정치와 참다운 인간 교육'이 선진국의 선결先決 조건이다.

- 각종 사회단체가 정치적인 집회나 궐기대회를 하지 않기 때문에 전반적으로 사회 환경이 쾌적하고 조용하다. 노조가 정치적인 참견을 하지 않는다. 노동조합은 기업의 핵심조직으로서 오로지 기업발전에 헌신한다. 자신이 몸담고 있는 기업의 성장과 더불어 자신의 삶이 향상되는 것에 만족감을 느끼는 편이다. 어릴 때부터 인성교육人性教育으로 서로를 배려하는 마음을 배운다.

- 국가의 지도자는 국민과의 원만한 소통으로 모든 갈등을 해소시킨다. 세대世代 간의 갈등도 소통으로 풀어간다. 빈부貧富의 갈

등도 소통과 서로의 배려로 해결한다. 가짜 뉴스와 혹세무민은 찾아볼 수 없는 사회적 환경을 갖추고 있다.

- 자신을 남과 비교하지 않고 오로지 자신의 주어진 환경에서 행복을 찾아 삶을 즐기면서 살아간다.

- 사교육보다는 공교육을 우선시하고, 무엇보다도 인성교육人性教育을 일등국민의 자질資質로 생각한다. 기본이 안된 인간은 사회적으로 출세하지 못한다는 사실을 느끼며 살아간다. 자신의 적성에 따라서 사회에 진출하는 가치관價値觀이 자리 잡고 있어서 일류병일류 학교, 일류 직장으로 고민하는 사람이 없다.

- 강력한 공권력이 살아 움직임으로 사회질서가 확립이 되어 국민이 편안하고 안전하게 살아 갈 수 있다. 국가안보를 담당하는 정보기관이 국가의 정통성을 지키도록 철저하게 관리 감독한다.

선진국과 후진국사람들

● 선진국先進國 사람들은 미래지향적未來指向的이다. 그래서 승자勝者가 될 수 있다.

후진국後進國 사람들은 과거 지향적過去指向的이다. 그래서 패자敗者가 될 수밖에 없다.

선진국 사람들은 모이면 앞으로의 설계와 계획에 대하여 대화를 나누기 때문에 생산적인 승자가 될 수밖에 없다. 그러나 후진국 사람들은 모이면 지나간 정치 사건, 동창 이야기, 자신의 과거 이야기, 남의 부부 이야기 등으로 시간을 보내기 때문에 소비성이 강하여 패자가 될 수밖에 없다.

- 한마디로 국민이 행복하게 잘살고 있는 나라다.
모든 면에서 제도적으로 보장이 되어 있고, 국민의 의식문화가 지극히 인간적이다. 보편적으로 구김살 없는 환경 속에서 살아가고, 개인적인 개성個性 이나 기능을 최대한으로 보장 받는다. 정치나 경제가 안정적이기 때문에 국민들의 삶에 여유가 있고, 풍요로운 인생을 즐기면서 살아간다. 삶의 여유가 있으니 서로가 배려하면서 즐겁게 살아간다. 이해理解와 관용寬容이 정신적인 문화로 정착되어 있다. 남을 모략謀略 하거나 중상重傷하는 것을 인격 장애로 여기고 사회적인 수치감으로 여긴다.

- 정치하는 사람들이 양심적이고, 국민을 상대로 거짓말하지 않고, 비교적 자기 자신을 잘 다스린다.

- 남의 공로功勞를 가로채는 얌체짓을 하지 않는다.

- 사법부가 정치권대통령 등의 눈치를 보지 않고 독립적으로 떳떳하게 모든 사안事案를 처리한다.

- 어려서부터 전인교육全人教育(지식이나 기능 교육에만 치우치지 않고

바람직한 인간으로 기르려고 하는 교육)에 힘을 쏟는다.

후진국에서는 경쟁적으로 최고가 되기 위한 사교육에 치중한 나머지 교육비의 과다한 지출로 경제적으로 타격을 받음과 동시에 '기본이 안된 인간'들을 양산하는 것이 특징이다.

- 선진국은 자립정신이 강하여 성장하면 어떠한 경우라도 스스로 자신에게 맞는 독립적인 자세를 취하지만, 후진국은 의타심依他心이 강하여 젊은 백수와 캥거루족이 많다.

- 선진국은 공권력公權力이 살아 움직여 사회 질서가 철저하게 정립이 되지만, 후진국은 공권력을 무시하여 사회 질서가 잡히지 않고 세상을 시끄럽게 만든다.

- 선진국은 정경유별政經有別의 상징이고, 정경유착政經癒着은 후진국의 상징이다.

- 선진국은 부정부패不正腐敗를 치욕恥辱으로 생각하지만, 후진국에서는 남보다 잘살기 위해서 부정부패를 실행한다.

- 선진국 사람들은 자신보다 국가 안보를 최우선으로 생각한다. 후진국 사람들은 국가 안보는 뒷전이고 자신의 안위부터 챙긴

다. 국가가 존재함으로 자신이 존재한다는 것은 만고의 진리다.

● 선진국은 자신의 주관대로 삶을 사는 사람들이 많다. 후진국은 돈이나 권력의 노예가 되어 가짜 인생으로 사는 사람들이 많다. 촛불이나 태극기 집회에 참여할 때 권력에 연줄이 있거나 돈 받고 참여하는 가짜 인생들이 후진국의 상징이다.
● 선진국은 자신의 책임감으로 당당하고 떳떳하지만, 후진국은 너절한 핑계를 댄다. 선진국 사람들은 잘못된 일이 생기면 솔직하게 자기반성을 하고 자신의 책임을 인정하고 떳떳하게 사과 하지만, 후진국 사람들은 졸렬하게 이런저런 핑계 대기가 바쁘다.

● 선진국은 타협과 양보가 생활화 되어 있지만, 후진국은 관용을 베풀 줄을 모르고, 소통에 관심이 적다. 선진국 사람들은 타협과 양보를 일상생활의 아름다운 덕성으로 알지만, 후진국 사람들은 타협과 양보를 패배로 생각하면서 흑백논리黑白論理에 빠져든다.

● 선진국 사람들은 자신의 노력의 대가대로 살아가는 것을 긍정적으로 받아들이지만, 후진국 사람들은 노력 없이 공짜로 얻으려는 심리가 다분하다.

● 선진국은 공정한 룰이 지배한다. 편법과 억지는 통하지 않는다. 그래서 선진국이다.
후진국 사람들은 마음대로 고치고, 적당히 봐주고, 누이 좋고 매부 좋게 그냥 넘어간다. 후진국은 정치인이 법질서를 어기니 국민이 법질서를 어긴다. 스스럼없이 정경유착政經癒着을 잘한다.

● 선진국은 공권력公權力이 존중받는 나라다. 선진국은 제복 입은 사람을 신뢰하고 존경한다. 후진국은 공권력을 두려워하지 않는다. 공무원과 경찰이 '봉'이다. 툭하면 소리치고, 멱살 잡고, 심하면 구타까지 한다. 질서가 잡히지 않아 엉망이다. 그래서 "선진국은 재미 없는 천당이고, 후진국은 재미있는 지옥이다"라는 말이 생겨났다.

● 선진국은 약자를 배려한다.
선진국은 어린이와 임산부, 노인들을 위하고 그들에게 양보할 줄을 안다. 위험한 환경에서 어린 학생들만 남겨놓고 어른들이 먼저 살겠다고 도망가는 일은 없다. 후진국은 강한 자가 판치는 나라다. 돈 없고 힘없으면 살아가기 힘이 드는 나라다.

● 선진국은 리더지도자를 인정한다. 정치적인 의견이 달라도 국익 앞에서는 하나가 될 줄을 안다. 후진국은 리더를 인정하지 않는

다. 탈법과 술수로 올라간 자리들이어서 그런지 나와 생각이 다른 사람은 무조건 싫은 것이다. 나보다 잘난 사람을 용납하지 못하는 것이다. 올바른 리더(대통령을 비롯한 각계 지도자급)가 없으니 모두가 우왕좌왕하고 촛불 들고 시위하며 소란을 피운다.

- 더불어 산다는 마음으로 살아가는 것이 선진국의 1등 국민이다.

- 선진국의 1등 국민은 무엇보다 생명을 소중히 여긴다. 태어났으니 살아야 한다. 한 번 살다가는 인생이기 때문에 이왕이면 가치가 있고 보람 있는 삶을 추구하며 살자는 의지意志가 강하다. 대충대충과 얼렁뚱땅은 통하지 않는다. 실속 없이 겉만 좋게 보이는 것을 싫어하고, 속으로 골병드는 처신을 하지 않는다.

- 선진국은 법과 정의가 살아 있다. 국회의원이나, 시장도, 경찰이나 판검사도, 부자나 대통령도 법을 어기면 합당한 처벌을 받는다. 전관예우全館禮遇나, 유전무죄 무전유죄 같은 일은 없다.

- 선진국의 1등 국민은 말을 아낀다. 남을 무시하거나 난도질하는 말을 함부로 하지 않는다. 특히나 정치권에서 제어되지 않은 말은 총칼보다 무섭게 생각하고 살인적인 막말을 용납하지 않는다. 자기 소신이나 자기가 속한 정당政黨의 정책政策을 표현하거나

발표를 할 뿐, 상대당의 의원議員이나 정당政黨을 헐뜯고 비방하는 못된 버릇으로 국민들이 정치권에 환멸을 느끼게끔 처신하지 않는다.

- 실패를 거울로 삼는다. 같은 실패를 반복하지 않기 위해서, 원인을 철저하게 분석한 후 재도전하여 자존감을 세운다.

- 선진국은 개성個性을 존중한다. 남의 눈치 보지 않고, 자기 방식대로 살아도 뭐라 하는 사람 없다. 그게 선진국의 1등 국민이다. 전 국민이 명품 안 들어도 되고, 연예인 얼굴같이 안 뜯어 고쳐도 된다. 획일적인 사회를 피곤하게 생각하고, 오로지 자신의 삶을 살아가면서 형편에 맞는 생활에 최대한 행복을 느끼고 산다. 선진국과 후진국에서 사람을 귀하게 여기는 시스템은 하늘과 땅 차이이다. 타인을 배려하는 마음이 너무나 차이가 난다.

- 후진국 사람들은 모여 앉으면 남을 칭찬하기보다는 험담하기를 즐기고, 헐뜯고, 욕하기를 즐긴다. 지역의 특성을 좋게 평가하기보다는 오히려 지역감정을 부추겨 적대감을 갖게 하거나, 정치 이야기를 할 때는 완전히 흑백논리로 평한다.

- 후진국에서는 권력이 있거나 유명한 사람에게는 지나칠 정도로

친절하지만 자기보다 약하거나 힘없는 사람에게는 거만하게 갑질을 한다. 소위 출세했다는 사람들의 이중인격二重人格으로 갑질이 더욱 심하다. 배운 사람일수록 겸손해야 하는데 오히려 더욱 거만하게 군다. 지식은 많은데 지혜롭지가 못한 사람, 말은 유식한데 행동은 무식하기 짝이 없는 사람, 준법정신이 엉망인 사람들은 지식이 지혜를 능멸하며 살아가는 꼴이다. 지식은 많은데 지혜롭지 못한 사람은 자기 꾀에 넘어가 반드시 실패하거나 망하게 되어 있다. 지혜 없는 지식은 빈껍데기나 다름 없어서 소리만 요란할 뿐 실속이 없다.

- 국민의식 수준이 국민소득 수준과 비례하지 못한다. 국민소득 수준은 높은데 국민의식 수준이 얕아서 졸부猝富들의 횡포가 심하다. 돈 있고 잘사는데도 자기보다 더 잘사는 사람을 부러워하며 항상 불만족이다. 일상적으로 욕구 불만이며, 자기보다 수입이 적은 사람을 무시한다.

- 후진국은 비겁한 지도자指導者, 정신 나간 정치인, 무능한 정부, 전반적인 공조직이 고장나버린 나라, 한심한 언론言論과 가짜 뉴스로 판을 치는 나라. 그래서, 후진국 국민들은 자기 잘못도 모르고, 집단 멸미에 어지러워하고 있다.

● 후진국 사람들은 허영심虛榮心이 심하다. 여유 돈이 생기면 사치하고 낭비하는 습관이 있어서 인생에서 패자가 될 수밖에 없다.

● 후진국 사람들은 열 번 잘 하다가도 한 번 실수하면 그것으로 물고 늘어지는 속성으로 끝장이다. 선진국 사람들은 의리義理 와 인간적인 예의禮意 를 중하게 여긴다. 한 번 신세지면 죽을 때까지 잊지 않는다.

● 후진국 사람들은 상다리가 휘게 먹어야 잘사는 것으로 생각한다. 냉장고에는 반찬으로 꽉 채워 숨 쉴 틈이 없다. 선진국 사람들은 밥상에 필요로 하는 양만 차려서 먹는다. 냉장고는 항상 청결하다.

● 후진국 여성들은 대체로 명품 백을 들고 다니기를 즐기지만, 거의가 가짜 백을 들고 다닌다. 선진국 여성들은 대부분 집에서 자기가 스스로 만든 수제품 가방을 즐겨 사용한다.

● 후진국 사람들은 부모를 봉으로 안다. 가르치고 키워 놓아도 더 안준다고 보채면서 부모를 원망한다.
선진국 사람들은 자립심이 강하다. 부모 돈은 부모 돈이고, 내 돈은 내 돈이다. 성장기를 지나고 나면 부모에게 의지하는 것을 부끄럽게 생각한다.

● 후진국 사람들은 기록하는 습관이 없다. 대인 관계의 약속을 잊어버리거나, 자기 아내 생일도 모르고 지나가다 곧잘 싸운다. 선진국 사람들은 일상생활에서 실수하지 않으려고 습관적으로 기록하기를 즐긴다.

● 후진국 사람들은 공금을 우습게 안다. 공금을 눈먼 돈, 떡고물로 알고 있다. 먼저 먹는 놈이 임자라는 생각을 한다. 선진국 사람들은 공금을 두려워한다. 공금 먹다 걸리면 패가망신하여 집안 망한다고 생각한다.

● 후진국 사람들은 별것도 아닌 것을 툭하면 소송한다. 매사를 아전인수我田引水로 생각한다. 선진국 사람들은 웬만하면 대화로 끝낸다. 역지사지易地思之로 입장을 바꿔 생각한다.

● 후진국 사람들은 신호등을 무시하고 뛰기 일쑤다. 교통사고 사망률이 높다. 선진국 사람들은 아무도 없어도 신호를 지킨다. 약삭빠른 사람은 멍청하다고 생각한다.

● 후진국 사람들은 남의 눈을 의식해서 외모에 신경을 많이 쓴다. 남에게 지기 싫어하는 성격이 다분하다. 선진국 사람들은 남의

눈을 별로 의식하지 않는다. 생긴 대로 형편대로 살아간다.

- 후진국 사람들은 인격과 윤리 도덕에 별로 관심이 없다. 의리義理 찾기가 힘들고, 믿는 도끼에 발등 찍히는 일이 다반사로 일어난다. 선진국 사람들은 인격人格을 목숨같이 알고, 사회적인 윤리와 도덕을 자랑스럽게 생각하며 지킨다.

- 후진국 사람들은 독서讀書와 거리가 멀다. 스마트폰으로 게임이나 즐길 뿐, 한 달 독서량은 0.7권이다. 선진국 사람들은 독서讀書를 즐긴다. 한 달 독서량이 평균 7.5권이다.

- 후진국 사람들은 준법정신이 박약하다. 오로지 돈 버는 일에 목숨을 건다. 그래서 인간이 못할 짓도 서슴없이 한다. 선진국 사람들은 준법정신이 강하다. 사람 위에 사람 없고, 사람 아래 사람 없다.

- 후진국 사람들은 한탕해서 벼락부자 될 것이 없나를 생각한다. 사기꾼이 많고 허장성세虛張聲勢로 세월을 보낸다.
  선진국 사람들은 근검절약勤儉節約이 부자의 비결이라고 생각한다. 10원이 100원되고, 100원이 1,000원되고, 1,000원이 10,000원되는 성취감으로 부를 축적한다.

- 후진국 사람들은 공권력을 우습게 안다. 경찰이 데모대에게 얻어맞고 병원으로 실려가는 일이 비일비재하다. 선진국 사람들은 공권력이 절대적이다. 국민들은 경찰에게 힘을 실어준다.

- 후진국 사람들은 주먹구구식으로 일을 한다. 정년 후에 사업하다 99%가 망한다. 선진국 사람들은 무엇을 하려면 전문가를 찾는다. 그의 조언대로 실천하여 성공을 거둔다.

- 후진국 사람들은 대통령이나 총리 말을 우습게 생각한다. 사고만 터지면 무엇이든 대통령이 책임지라고 한다. 선진국 사람들은 대통령이나 총리 말을 절대적으로 따라준다. 그것이 애국하는 길이라고 생각한다.

- 후진국 사람들은 강자에게 약하고 약자에게 강하다. 그래서 노인들이 더욱 힘들다. 선진국 사람들은 남녀노소男女老少 누구를 막론하고 공평하고 평등하게 대한다.

- 후진국 사람들은 잘못하고도 무조건 오리발이다. 책임질 줄을 모르고 핑계와 구실이 많다. CCTV에 찍혀도 내가 아니라고 우긴다. 선진국 사람들은 자신이 잘못한 것은 끝까지 책임을 진다.

책임자가 자살自殺하는 것을 자주 본다.

● 후진국 사람들은 약속을 해놓고 잘 지키지 않는다. '중요한 일이 생겨서'라는 변명을 자주 한다. 선진국 사람들은 한 번 약속은 목에 칼이 들어와도 지킨다. 그들에게 약속은 생명과 같이 생각한다.

● 후진국 사람들은 회사가 손실이 나도 노조勞組가 성과급 달라고 파업한다. 선진국 사람들은 회사가 흑자가 나도 노조勞組가 앞날을 생각해서 임금동결을 받아들인다.

● 후진국 사람들은 부정적否定的인 마음이 다분하다. 실제로 화가 난 것이 아니면서도, 잘 웃지도 않고 언제나 화가 난 얼굴을 하고 다닌다. 선진국 사람들은 긍정적肯定的인 마음가짐으로 살아간다. 허파에 바람이 들었나 하고 의심할 정도로 웃고 산다.

● 후진국 사람들은 말을 퉁명스럽게 하여 상대방의 마음을 불편하게 한다. 선진국 사람들은 말을 부드럽고 상냥하게 하여 상대방의 마음을 즐겁게 하여 준다.

● 빨간 신호등이 켜져 있는 횡단보도에서 보는 사람이 없으면 신

호를 무시하고 차를 몰고 지나간다. 권력을 가진 자들이 더욱 심하다. 힘 있는 권력자가 법을 안 지키니 부정부패가 만연될 수밖에 없다.

국무총리나 장차관과 대법관으로 임명된 사람이 국회청문회에서 위장전입을 인정하고 있으니 다른 요직에 있는 사람들이야 오죽하겠는가?

마지막 매듭

세상과 소통하고 싶었다.

잠시 머물다가는 인생살이

나는 홍익인간으로 살아가련다.

그것이 나의 고향이고 내 영혼이다.

한민족은 위대한 민족이다

초판 1쇄 | 2018년 7월 13일 발행

지은이 한만섭
펴낸이 박경옥 한만섭
삽화 김주영
교정 이주영
디자인 조은영
인쇄 (주)인쇄그룹 형제

펴낸곳 만경출판사
등록 제2014-000027호
주소 인천시 부평구 삼산동 체육관로 111 403동 608호
전화 032-502-3236
팩스 032-522-3236
이메일 manseop3236@hanmail.net
값 10,000원
ISBN 979-11-955050-1-2